かむら先生の 毎日が楽しい！1分間リズム遊び

音に心をこめ 子どもの心と 体を育もう

著● **かむらまさはる**
協力● **奈倉道明 & 星野恭子**
（小児科医　子どもの早起きをすすめる会）

すずき出版

CONTENTS

はじめまして！ ——————————————— 4
本書の5つのエッセンス＆遊びの前のウォーミングアップ —— 6

part 1 毎日を楽しくする1分間リズム遊び —— 8
※生活リズムをととのえて、心と体の健康を！

- おはようございます！ ——————————— 10
- おはようカーテン ————————————— 12
- げんき！ あしぶみ ————————————— 14
- あさごはんたべたくなってきた ————————— 16
- ニコニコみんなであさごはん ————————— 18
- ハハハハ はをみがこう ——————————— 20
- おうだんほどうをわたるとき ————————— 22
- とんではねて ——————————————— 24
- げんきっこ！ ——————————————— 26
- おかあさんのおてつだい ——————————— 28
- おふろでジャブジャブ ———————————— 30
- おやすみなさい —————————————— 32

part 2 リズムを生活に取り入れよう！ —— 35

- 「あ」の1文字だけでも、すぐ遊べます！ ————— 36
- 子どもへの願いを口ずさむ —————————— 37
- ことばリズム遊び〔TRACK1〕 ————————— 38
- 世界のリズムをうたっちゃおう！〔TRACK2〕 ———— 40
- タンバリンで世界のリズムを叩こう！〔TRACK3〕 ——— 41
- 手拍子リズム合戦のリズムパターンの作り方〔TRACK4〕 —— 42
- **ボサノバ**のリズムで遊ぼう／春風のフワフワリズム ——— 44
- **レゲエ**のリズムで遊ぼう／波とダンス ——————— 46
- **サンバ**のリズムで遊ぼう／ぼくはゆかいな船長さん ——— 48

CD TRACK 1～4

- **Column** 遊びの前のイマジネーションの大切さ ——— 31
- **Column** 遊びのバリエーションを広げよう ————— 34
- **Column** 「休符」は休まずに「うたう」こと！ ———— 50
- **Column** 伝えてほしい「音に心をこめる」こと ———— 78

part3 参観日 発表会 運動会 ピッタリのリズム遊び — 51

- はじめましてこんにちは〔TRACK5〕— 52
- キュラキュラカーン！〔TRACK6〕— 54
- もったいないよネ！〔TRACK7〕— 56
- トマトのとまこの冒険旅行〔TRACK8〕— 58
- パーパラ パピプペポ〔TRACK9〕— 62
- 空手円舞曲〔TRACK10〕— 67

CD TRACK 5〜10

part4 「気になる子」へのリズムセラピー — 68
※心の氷をとかすカムジー先生のリズムセラピー

- 興味が次々と移り変わってしまう子 — 70
- 奇声を発する子・汚いことばを使う子 — 71
- やる気のなさそうな子・反応の薄い子 — 72
- 集中力がなく遊びから離れてしまう子 — 72
- 手足のリズムが合わない子 — 73
- 小さい声の子どもには — 76
- 怒鳴ってうたってしまう子 — 77
- 元気がない子 — 77

part5 リズム遊びQ&A — 80
※理想の先生★5つのキーワード

- Q リズム遊びをはじめる時、どんなことばかけをしたら… — 82
- Q てれてしまって、みんなと一緒にうたったり踊ったりできない… — 82
- Q ハーモニカを楽しく教えるのが難しく… — 83
- Q クラシックの曲など、子どもがあまり知らない曲を演奏する時… — 84
- Q 合奏での音合わせのコツと、楽器の組み合わせ方のポイントを… — 84
- Q 体を動かすのは好きなのですが、ピアノが苦手… — 85
- Q 子どもが歌詞をなかなか覚えられない時… — 86
- Q 新しい曲をおろす時、どう指導したらいいか… — 86
- Q 楽しく遊んだあと、テンションが上がりすぎて大騒ぎ… — 87

子どもへの想い〜カムジー先生「語録」— 88
生活リズム改善ガイド&睡眠表 — 92

はじめまして！
カムジー先生こと、
かむらまさはるです

僕はとにかく「リズム」が大好き！ ベーシスト、作詞、作曲家として40年この世界で活動してきました。20年ほど前から子どもの世界に関わりはじめ、子どもとのふれ合いを通してわかってきたのは、どんなにかんたんなリズムでも、心をこめればみんなをワクワクさせられるということ。そしてリズムは人と人との心を通わせる魔法のコミュニケーションのひとつだということです。その魅力を多くの方に伝え、毎日を楽しくすごしてもらいたい、そう願ってこの本を作りました。

「楽しむ力」を育みたい

子どもたちと接して一番強く感じたのは、今の窮屈な社会の中で、子どもたちまでがストレスをためてしまい、生きることを「楽しむ力」が伝わってこないということです。僕が伝えたいのは、リズムには心を通わせる他にも、人間に本来備わっている、体の奥底にあるエネルギーを呼び起こし、その子が秘めている様々な能力を引き出す力をも持っているということです。幼児期にリズムの技術を教えるよりも、リズム遊びを通して、思いっきり声を出し、全身を使い、発散しながら想像力、集中力、表現力も養う、「楽しい」ということの素晴らしさ、夢中になることの大切さ、「楽しむ力」を、体感、体験させてあげたい…そう考えています。

「1分間リズム遊び」で笑顔の1日を

「子どもの早起きをすすめる会」をご存知でしょうか。子どもの日々の生活習慣の乱れに危惧を感じた小児科医師、教育者が主宰し、結成した団体です。会の方々が僕の親子コンサートを見に来てくださったことが縁で出会い、「早起き、朝ごはん、運動、早寝」等の生活リズムが幼児期の子どもの脳と心の成長、発育に大変重要だということを教えていただいて、僕も数年前から活動に参加しています。ここでの僕の役目は、♪早起きすると1日楽しいよ～おひさまおはよう～朝ごはん、みんなで食べるとおいしいね♪と、「正しい生活習慣」を明るく、元気に、リズム遊びを通して子どもの心に伝えることです。

付録
- 巻末には奈倉先生、星野先生による「生活リズム改善ガイド」を紹介。日々記録することで生活のリズムが見えてくる「睡眠表」がついています。（家庭用の配布物として、ぜひお役立てください。）
- 付属のCDにはPart2のリズム指導4つと、Part3のリズムダンス6曲を収録しています（うち3曲はカラオケ付き）。本文と合わせ、普段の遊び、発表会等でお使いください。

ちょっと「気になる子」へのリズムセラピー

「子どもの早起きをすすめる会」を通じて親しくなった、奈倉道明先生と、星野恭子先生に本書では医療の面での執筆にご協力いただきました。Part4に設けた〔「気になる子」へのリズムセラピー〕は、先生方を通じて僕のところにやってきた子どもたちや、子育てセミナーの講演を聞いてやってきた子どもたちの事例です。

一緒に太鼓を叩いて大きな声を出したり、その子の思いを笑顔で目を見て聞いてあげたり、認めたりと…そんなセッションを続けているうちに、子どもの表情がフッと柔らかくなる一瞬があって、（あ、心と対話できたかな…）（心がうたい出したかな…）と感じた時。そんな時ほどうれしいことはありません！ リズムには心を癒す力もあるのです。

リズム遊びから発表会向けのダンスまで

Part1では「1分間リズム遊び」を。Part2では毎日の生活に取り入れてほしいリズム指導のアイデアを。Part3には参観日、発表会、運動会向きのリズムダンスを6曲紹介。Part4に、ちょっと「気になる子」へのリズムセラピー。Part5は研修会等での質問をもとに作成したQ&Aのページです。そのあとに、今まで感じてきた僕なりの"子どもへの想い"をまとめていますので、お読みいただければ幸いです。

リズム・音楽は心の中にあります

この本をきっかけに、子どもたちに「音と心」について楽しくわかりやすく指導できる先生が増えてくれることを願っています。難しいことではなく、大事なのは全身でリズムを受け止め、先生自身が心から楽しむこと。大好きな先生が笑顔いっぱいで遊んで見せれば、きっと子どもにもその心は通じます。

大人も子どもも、瞳をキラキラ輝かせて楽しめる…そんなリズムでいっぱいの毎日を、過ごしてほしいと願っています。

本書の5つのエッセンス

part 1
"1分間リズム遊び"で朝から1日、元気にウキウキ！

part 2
ハッピーリズムで心も脳も元気いっぱい！

Part 3
遊びがそのまま発表会にいかせちゃう！

part 4
リズムセラピーで心の扉をノックしよう！

part 5
心と体で向き合えば、きっと答えが見えてくる！

カムジー先生のアドバイス

先生方へ

♥「これから楽しいことがはじまるよ！」って子どもの心をウキウキさせよう。

♥お手本がとっても大事！ 表現力たっぷりに！

♥熱く遊んで、エネルギーを発散！

♥明るく、元気に！…楽しいを極めよう。
　楽しまなくちゃもったいない！

♥先生の笑顔のオーラでやさしく包んで、リズムの魔法をかけちゃおう！

遊びの前の ウォーミングアップ

毎日を楽しく！
毎日を遊び心で！

決まった時間だけリズム遊びをするのではなく、
1日ずっと、うたって踊って、ミュージカルみたいに楽しんでみよう！

「おはよ……」「おはよ……」「ボー」

「あ〜 また半分も残したのね…」

「いいお天気だね…」「ふーん」

こ〜んな生活を…

⇩

こ〜んな感じに！

「ほっほー おっはよーっ！」パンッ！

「Oh! 半分も食べちゃった♪」でぃん♪

「天気がいいぞ♪ パンパンパン」「どこからバラが…??」

「も〜ママ グッタリよ〜♪」バタッ
お疲れの時にも！

朝は特にリセットの時間。
新しい元気な1日をスタートさせよう！

もちろん園や学校でも！

「わ〜い！みんな♪おはよ〜♪」
「どろんこあそびするぞぉ♪」
「せんせい おはよ〜♪」

会社でも！

「ほっほー おっはよ〜♪」
「おはよ〜ございます♪」
「部長、きょうもお元気ですね！」
「私も元気出るわ！」

part 1 毎日を楽しくする １分間リズム遊び

4つのPOINT 　生活リズムをととのえて心と体の健康を！

※先生も実践してくださいね。疲れがとれて、毎日元気にすごせますよ！

❶ 早起きして朝日を浴びよう

朝日とともに目が覚めて、朝日をいっぱい浴びることは、体内時計をリセットさせる秘訣です。また朝の光を浴びることでセロトニン神経が活性化され、元気にスタートすることができます。

❷ 家族そろって、笑顔で朝食

朝食は１日の活力の元。血糖値を上げて脳と筋肉を活性化させます。食べた直後は腸の働きを助けるよう落ち着いて行動しましょう。あわてて走って出て行くのはダメですよ。

朝起きてから眠るまで、規則的な1日をすごすことは、心と体の健康を守る上で、とっても大切なこと。その大切なことを、ぐんと楽しく実践できるように…と考えたのが1分間でできるリズム遊び！　園で、家庭で元気に遊んでみてください。

❸ 外に出ていっぱい遊ぶ（体を動かす）

午前中から午後にかけては体温が上がる時間帯です。体をいっぱい動かして、糖や脂肪を燃焼させてエネルギーを消費させるのに適しています。

❹ 早寝をして、ぐっすり眠る

たっぷり運動すれば、夜はよく眠れるもの。早いうちにお風呂を済ませ、落ち着いて寝る準備に入ってください。夜はできるだけ暗くした方が、体内時計が狂わずにすみます。

体を動かすリズム遊びは健やかな成長発達を促します

子どもは同じことをくり返すことに安心と親しみを覚えます。毎朝お母さんの同じ声を聞き、同じ時間にごはんを食べ、同じおもちゃで遊び、同じような絵を描き、同じような工作をします。それと一緒で、同じ動きをくり返すリズム遊びは、子どもにとって安心できる遊びです。手足を使って同じ運動をくり返すことで、セロトニン神経を活性化し、情緒を安定させて、充足感を感じることができます。しかも体をいっぱい使う動きは、肉体を活性化させ、精神の拡大と解放を体感させることになります。

おはようございます!

元気に朝のごあいさつ!
「トントントン」から「ハイ」への躍動感がポイント! 4拍のテンポを正確にね。

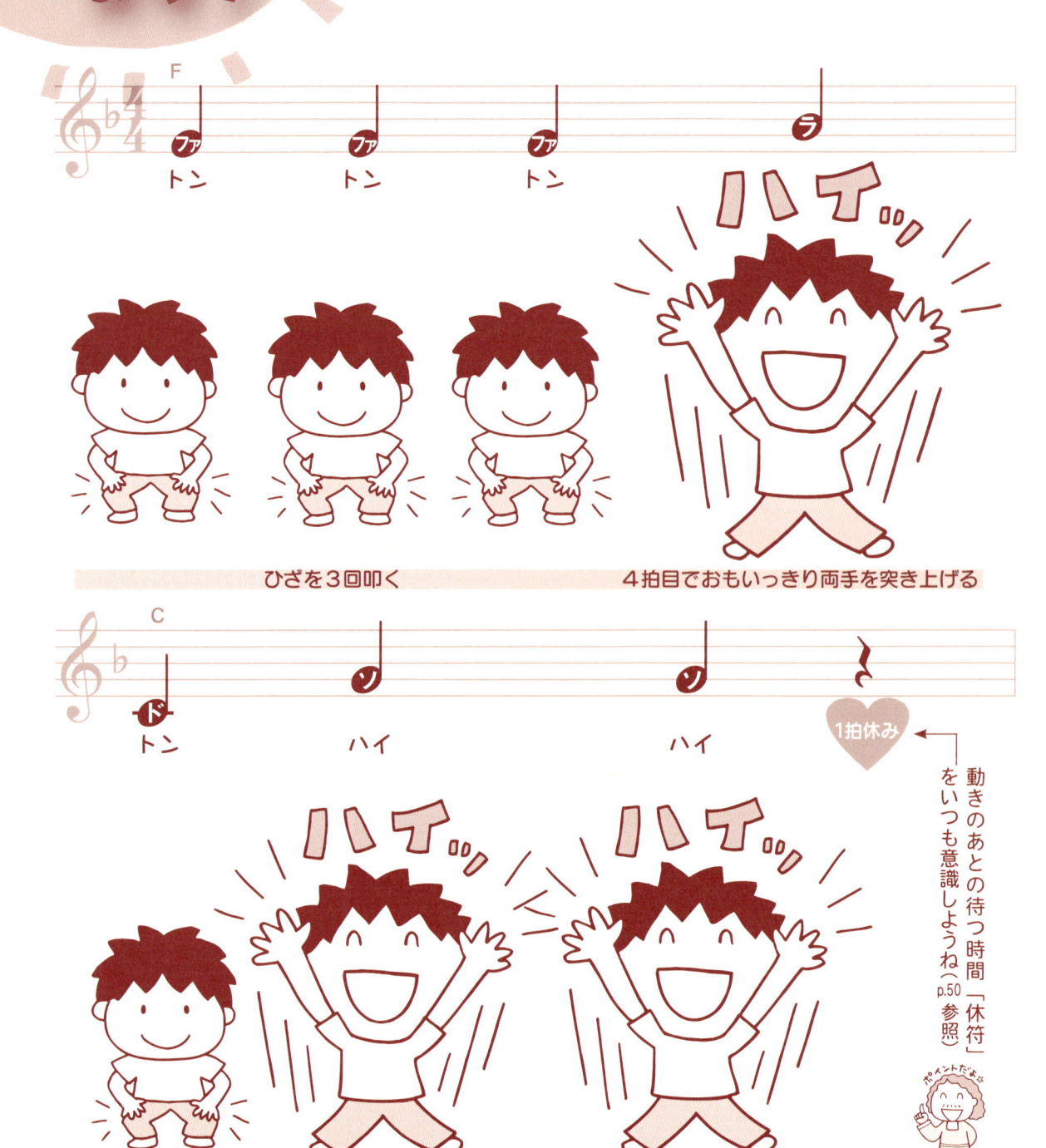

F
ファ トン　ファ トン　ファ トン　ラ

ひざを3回叩く　　　4拍目でおもいっきり両手を突き上げる

C
ド トン　ソ ハイ　ソ ハイ　1拍休み

ひざを1回叩く　　　2拍目、3拍目で両手を突き上げる

動きのあとの待つ時間「休符」をいつも意識しようね(p.50参照)

Part **1** 毎日を楽しくする1分間リズム遊び

(1番) お ひ さ ま に
(2番) げ ん き に

おはようございまーす！

右に、左に、両手で丸を作るように体を傾ける　　元気に声を出す

ハイッ！

大きな声で！

みんなでやる時に、「ハイ」がばらばらにならないように。
声や動きがそろうと、気持ちがいいよ。

おはよう カーテン

起きたらすぐに、部屋のカーテンをあけよう！
おひさまが空が、雲が小鳥たちが挨拶しているよ。
おひさま「おはよう！」みんなに「おはよう！」

C／ド ド ド レ ミ ド　G／レ レ レ レ レ　1拍休み
あさ おき たら　カーテン を

腰に手をあててしゃがむ　立ち上がる　しゃがむ　立ち上がる

G7／ソ ソ ソ ソ ラ ソ ラ ソ ラ ソ　G7／ラ ラ ソ　1拍休み
あけると ホラ ホラ ホラ ホラ　ほー ら ね

右手でカーテンをあける仕草　左手であける仕草　両手をグルッと大きく回す

ポイントだよ☆
4拍子のリズムをメリハリ良く感じながら遊ぼう！

Part 1 毎日を楽しくする1分間リズム遊び

> 朝カーテンをあけて日の光を浴びると、体内時計をつかさどる脳の視交叉上核を刺激して、ずれた体内時計をリセットさせる効果があります。またセロトニン神経への刺激にもなるので、気持ちよく目覚めるには強力なアイテムです。

お ひ さ ま が　(1拍休み)　わ らっ て る　お は

腰に手をあて上体を右に　　左に　　　　　　右に　　　左に

よー う ご ざ い ま　　す！　(1拍休み)

姿勢を正してから　　おじぎをして　　起き上がる

げんき！あしぶみ

毎朝元気に「イチ・ニ」と足踏み！
歩くリズムをキープしながら、手でおなかや
おしりをさわったり、乗り物のまねをしたり
アドリブをきかせて遊ぼうね。
※足踏みが苦手な子への対応法（p.73〜参照）

※「イチ・ニ・イチ・ニ」としばらく足踏みをしてから、はじめよう。

| あ し ぶ み し な が ら | おなか（歩く歩く歩く） |

横図
※実際には正面向きで

背筋をのばし、膝を高く上げて元気に足踏み　　両手をおなかに（足踏みは続ける）

| あ し ぶ み し な が ら | おしり（歩く歩く歩く） |

また普通に足踏み　　両手をおしりに（足踏みは続ける）

Part 1 毎日を楽しくする1分間リズム遊び

バリエーション1

□ のところをいろいろ替えて遊ぼう。足踏みは同じリズムでずっと続けるよ。

ほっぺ
ロケット
飛行機
あたま
自転車
元気よく！！

ロケットや飛行機、自転車の時は「飛んで行くよ」「早く走ろう！」と声をかけ、クルクル回ったり、走ったりしてみよう。それから再び足踏みのリズムに戻ろうね。

バリエーション2

年齢に合わせて、□ の時（4拍以内）に、いろいろな動作をたくさん入れてみよう。

あしぶみしながら「おしりとおなか！」
あしぶみしながら「おしりとおなかとほっぺ！」
あしぶみしながら「おしりとおなかとほっぺとあたま！」

あしぶみできる？
こうかな？

> 全身を使ったリズム運動は脊髄の感覚神経を通してリズミカルな刺激を脳幹部や小脳に与えます。そして脳幹部から大脳や脊髄に投射するセロトニン神経を活性化させて、心も体も元気にします。
> Dr.Nakura

15

あさごはん たべたく なってきた

「今日、朝ごはんに何食べた?」
「朝ごはんの時にママと何のお話した?」など、
楽しいおしゃべりから遊びをはじめよう。

| ごはんの においが おなかに グー | 1拍休み |

両手のひらを前に出す　その手を顔の前で回す　おなかを2回叩く　親指を立てて前に出す

| ママが キチンで わらって る | 1拍休み |

腰に手をあて上体を右に傾ける　左に傾ける　　右に傾ける　　左に傾ける

ポイントだょ☆
「タッタ タッタ」という、はねるリズムを体の中で刻もう。「休符」で1拍しっかり休むと次の動きがまとまるよ。

Part1 毎日を楽しくする1分間リズム遊び

C			F		
パ パ の お な か も な り だ し た　1拍休み

両手でおなかを1回叩く　もう1回叩く　左手で叩く　右手で叩く　左手で叩く

G7　3　　　C　G　C

あ さ ご は ん た べ た く なっ て き た　1拍休み

グーの手を両脇に　右足を斜め前に　足をそろえる　左足を斜め前に

ニコニコ みんなで あさごはん

子どもはふれあうことが大好き！
テーブルをはさみ、家族でふれあおう！
「マッマの とっなりに ぼっくがいる」のように、
リズムを替えてみると、また楽しいよ。

[C] ド ド ド ミ ミ ド ド [G] レ レ レ レ レ （1拍休み）
ママの となりに ぼくがい る

左側の人と2回両手を合わせる　　両腕を胸にあて上体を左に　　上体を右に

ポイントだよ☆
4拍目の「休み」を意識しよう。

[G7] レ レ レ ファ ファ レ レ [C] ミ ミ ミ ミ ミ （1拍休み）
ぼくの まえには パパがい る

向かいの人と両手を2回合わせる　　両腕を胸にあて上体を左に　　上体を右に

Part **1** 毎日を楽しくする1分間リズム遊び

> 「パパが」は3文字ですが、リズムは「タタタタ」と4つです。
> 「パパ（あ）が」と言うくらい、隠れたリズムを意識してうたおうね。

ポイントだよ☆

C							F					
パ	パ	(あ)	が	ほっ	ぺ	を	ふ	く	ら	ま	す	1拍休み

ほっぺをつまむような仕草 ／ 指を細かく動かしながら大きく広げる

G							G7			C	
ニ	コ	ニ	コ	ニ	コ	ニ	コ	あ	さ	ご は	ん 1拍休み

右手を上、左手を下／左手上、右手下／右手上、左手下…（交互にくり返す）

いただきま～す！

バリエーション

「パパ」「ママ」「ぼく」を、「おじいちゃん」や「おばあちゃん」、「わたし」、「ポチ」などに替えてうたってみよう！

ハハハハ はを みがこう

「みんなはどんな風に歯をみがく？　こうかな？」
「歯ブラシはこうやって持つのかな？」と、遊びの前に
歯をみがくイメージを持たせよう！
虫歯予防で使う絵や大きな歯ブラシを使うと楽しいよ。

ハ　ハ　ハ　ハ　は を み が こう

左手、左足を横に　　右手、右足を横に　　歯をみがくポーズ

ハ　ハ　ハ　ハ　は を み が こう

上段の動作をくり返し

Part **1** 毎日を楽しくする1分間リズム遊び

C							G				

ド ド ド ド ミ レ ド　　レ レ レ レ
むし ばに むし ばに なっ た ら　　たい へ ん だ

元気よく!!

できるだけたくさん
腕を回そう！

両腕をグルグル回しながらかがむ　　頭をかかえる

G7　　　　　　　　G7　　　　　C

ソ ソ ソ ソ　ソ　(1拍休み)　ド ド ド
きれ い に　　　　ハッ　　　みが いちゃ おう

体の前で思い切り手を回す　　かけ声とともに両手を前へ　　歯をみがくポーズ

大きな声で！

「きれいに」から「ハッ」への動きは「う〜〜〜〜ハッ！」と、ためていたエネルギーを思い切り発散させるイメージで、勢いをつけてね。ここが決まるとみんな気持ちがウキウキしてくるよ。

おうだん ほどうを わたる とき

「みんな横断歩道でふざける？ ふざけるとどうなっちゃうかな？」と、外を歩く時どうするか、いろいろおしゃべりしてから遊ぼう。
最後の足踏みが全員そろうときれいだよ。

おう だん ほ どう を わたる と き

横図
※実際には正面向きで

両手を前にのばす　　両手をわきにおろす　　また前にのばす　　おろす

あ お に なったら わた ろう ー

額に手をあて右を見る（右足を出す）　足を戻す　　左を見る（左足を出す）　足を戻す

★子どもたちを楽しくさせよう！
動きがうまくそろわない時、「こうするのよ」「それはちがう」という教え方は避けること。わざとおかしなポーズをしてみせて、子どもから教えてもらうようにすると、子どもたちに自信がつき、動作も自然に身につくはず。

Part **1** 毎日を楽しくする1分間リズム遊び

みぎみて	ひだりみて	みぎをみ	て
腰に手をあて右を見る	左を見る	右を見る	正面を見る

てをあげ	て		1拍休み
右手を上げ、左手を腰に	足踏み（タン）	（タン）（タン）	

× ちょっと手が高いわね。

○ こうかな？　ちがうよこうだよ！

× ビシッ　おでこのところにあてます！

○ なんか見えないんだけど？　あれえ？こうだっけ？　こうやるんだよー！　先生何やってんの〜

とんで はねて

毎日元気に遊んでほしい、そんな願いをこめた遊び。
先生のアドリブに合わせていろいろなものに変身！
ひとりひとりの表現力を引き出してみよう。

※「こんな感じだよ！ドンパー！ドンドンパー！」とリズムを元気よくうたってからスタートすると、より楽しくなるよ。

とん で はね て　　とん で はね て

両腕を構えて　右足でキック　また構えて　左足でキック

キュッ　キュッ　キュッ　キュッ　キュ　ハッ！

手のひらを合わせて左右に振る（左・右・左・右）　正面で構え　手のひらを突き上げる

★メリハリをつけよう

短い遊びなので、特にメリハリが大切。ひとつひとつの動きをビシッと決めよう。「ハッ」の時は、「**うわっ**」っと、下から上に突き上げるように！

元気よく!!

きゅきゅ　これじゃおもしろくないね…　はー
〈メリハリ悪い例〉

とんで はねて とんで はねて

最初と同じ動作

「ウサギさん!」(例)

先生がテーマを言う

バリエーション

「ウサギ」などのものまねをするだけでなく、「ゾウさんの運動会！」で、園庭中をかけまわったり、室内だったら「ヘビさんの山登り！」「登ったと思ったら落っこちた！」など、場合に応じていろいろ工夫してみよう。「♪とんではねて」というフレーズを聞いたとたんに、子どもたちの期待がふくらむようになるよ。

げんきっこ！

外から帰ったら、まず手を洗って、うがいをしようね。
エイトビートのリズムを感じながら、
すべて大きなアクションで！

C ♪♪♪♪♪♪♪♪ **F** ラララララ ♫
キュ キュ キュ キュ キュ キュ キュ キュ　て を あ ら お う　**1拍休み**

てのひらをこすり合わせる（「キュ」で1回）

8分音符のリズムを意識して「キュッ～おう」まで14回手をこする。
「ブクブク～」の時も、体でリズムを感じながら、ポーズをとろうね。

♥心をこめて♥

Dm ファファファファファファファファ **G** ♪♪♪♪♪ ♫
ブ ク ブ ク ブ ク ブ ク　う が い し よ う　**1拍休み**

腰に手をあて、うがいをするポーズ

Part **1** 毎日を楽しくする1分間リズム遊び

かぜーに なんか まけないー　1拍休み

遠くを見ながら左手を腰、右手で左から右をグルーッと指さす　両腕を力強くグルグル4回、回す

げんきら こっこ げんきっ こ　1拍休み

「げんきら」でボートをこぐポーズ　「こっこ」で直立　　「げんきっ」でこいで　「こ」で直立

大きな動作をすると体も心ものびのびするよ。手洗いも、うがいも元気よく(かんたんな動作ほど大きなアクションで)。「げんきらこっこ」では、**グワーーーン！** と、勢いをつけよう。先生のお手本が大切！

元気よく!!

おかあさんの おてつだい

「お母さんはおうちでどんなことしてるかな？」
「みんなは、何のお手伝いが好きかな？」
とってもかんたんなので、年少さんから遊べるよ。

お か あ さ ん は た い へ ん だ　1拍休み

両手を上げて2拍ごとに体を左右に振る（手のひらを振りながら）

た く さ ん た く さ ん　あ ら い も の　1拍休み

足もとから上まで、ゆっくり大きく円を描く

バリエーション

「おとうさん」や「せんせい」にしたり、「あらいもの」を「おせんたく」「おかいもの」に替えても楽しいね。

同じような動作ですが、「おかあさんはたいへんだ」のところは大忙しの様子で。「おかあさんのおてつだい」のところは「楽しくお手伝いするぞ！」という気持ちをこめてみよう。

お か あ さ ん の お て つ だ い （1拍休み）

両手を上げて2拍ごとに体を左右に振る（手のひらを振りながら）

お ちゃ わ ん き れ い に ふ い て る の （1拍休み）

片手にお茶碗、片手に布巾を持つようにして、キュッキュッと拭く仕草

おふろでジャブジャブ

「自分でシャンプーできるかな?」
「おふろには何が置いてある?」「せっけん!」
「アヒルのおもちゃ」と、子どもから話を聞いて、
楽しく遊びに入ろう。

おふろでジャブジャブ おふろでジャブジャブ せっけんで

1拍休み

背中をタオルで洗う動作・左側　　　右側　　　泡が立つイメージで指を動かしながら回す

きれいに きれいに あらいましょう

1拍休み

左腕を右手でゴシゴシ　　　右腕を左手でゴシゴシ　　　泡が立つイメージで指を動かしながら回す

ゾウさん ゴシゴシ!

「きれいになるぞ、ピカピカになるぞ」
という思いをこめて、洗う動作は「ゴシゴシ!」と、力強く!

心をこめて♡

バリエーション

「お父さんの背中をゴシゴシ洗っちゃおう」など、歌詞や動作をいろいろ替えてみよう。

Column
遊びの前のイマジネーションの大切さ

遊ぶ前、歌をうたう前に、子どもたちと楽しくおしゃべりをする時間を持って、遊びへの期待や、楽しいイメージを盛り上げましょう。

「1分間リズム遊び」の場合だったら、この遊びで毎日の生活の楽しさを感じてもらえるように、それぞれのテーマについておしゃべりします。
「今日の朝ごはんは何だった？」「目玉焼き！」「ママとお話した？」「いっぱいしたよ！」「朝ごはんの時、手を洗う？」「洗うー」「どうして？」「バイキンがついてるからだよ」…そんな風に、子どもたちの考えを引き出します。
「ちゃんとみんなが手を洗うように、この遊びをします！」と先生が一方的に説明をしても、子どもの心には届かないし、楽しくありません。

「森のクマさん」の歌をうたうとします。そんな時もその前のおしゃべりはとっても大切。うたう前に「クマさん」のイメージが子どもの心に伝わるように、例えば森の写真や絵本を用意して見せながら、「クマさんは、どんな森に住んでいるのかな？　こんな森かな？」と聞いたり、「足は速いのかな？雨ふったら傘さしちゃうのかな？」とまねをしたりして、イメージをふくらませる時間を十分とってからうたうようにしましょう。
そうすると、それぞれの心のこもった「森のクマさん」の歌が聞こえてくるはずです。

子どものイメージをふくらませてからうたいましょう。

おやすみなさい

子どもたちが眠りたがらない時のおまじないソング。
夜だけでなく、園でのお昼寝の時にもピッタリ。
ステキな夢が見られますように…

| C | G | Am | Em |

ソ ソ ソ ソ | ソ ラ ラ | ミ ミ ミ | ミ ファ ミ
お や す み な さ い　ほっ ペ に　キ ス を

両手を頬にあて左に、右に体を揺する　　　左の頬、右の頬を指さしながら体を揺する

| Dm7 | Dm7 | G | G7 |

レ（1拍休み）ド　　シ（1拍休み）ド　　レ（1拍休み）（1拍休み）　　（1拍休み）（1拍休み）（1拍休み）
チュッ　チュ　　チュッ　チュ　　チュ

後ろで腕を組み、左、右に体を揺すりながらキスをするようにうたう

大人が子どもにうたってあげる時、本当に頬にキスをしたり、最後の「つつまれて」で子どもを包みこむようにしてあげようね。

Part.1 毎日を楽しくする1分間リズム遊び

| C | G | Am | Em |

おやすみ　なさい　すてきな　ゆめに

両手を頬にあて左、右、左、右と体を揺する　　左の頬、右の頬を指さしながら体を揺する

| Dm7 | G7 | C | C |

つーっ　まーれ　てー　1拍休み　1拍休み　1拍休み

胸の前から両手を大きく回し、上から下へ、手を星に見立ててキラキラさせながらおろしていく

★ワルツのリズムを楽しもう

3拍子というと三角形のように「カクカクカク」と、かたくなる傾向がありますが、これはワルツですから、ゆりかごが揺れるようにやわらかく、やさしいリズムで動こうね。

やわらかに♪

Column
遊びのバリエーションを広げよう

本に書いてある遊びをしたらおしまい…ではもったいないよね。
どうしたらもっと遊びをふくらませられるか、遊びこめるかを考えて、どんどん楽しさを広げよう。
Part1の「1分間リズム遊び」は、メロディーも遊びもシンプルなので、アレンジしやすいはず。歌詞、振り付け、リズム、合奏…と、どんどん発展させ、新しい遊び作りにチャレンジしよう。

part 2
リズムを生活に取り入れよう！

リズムを通して日々を楽しくするための秘訣をご紹介。

「あ！」と、ひとこと声に出す。
それだけで、おもちゃなんかなくても遊べます。
思いや願いを口ずさむだけで、
心のこもった音楽になります。
ことばで遊ぶ、世界のさまざまなリズムにふれて遊ぶ、
リズムのバリエーションを考えて遊ぶ…
子どもたちと一緒に、音楽の楽しさ、
すばらしさを体感、体験してください！

「あ」の1文字だけでも、すぐ遊べます！

遊ぶ物なんかいらない！「あ」だけで「楽しく」なれることを、まず先生がお手本を見せて伝えよう。子ども自身の表現力、創造力、そして反射神経が、遊びをより面白くするよ。

力強い「あ」・脱力した「あ」・しゃきっとして「あ」
可愛く「あ」・流れるような「あ」・はずむような「あ」…

ポイントだよ☆
「う」でも「か」でもなんでもOK

Part 2 リズムを生活に取り入れよう！

子どもへの願いを口ずさむ　参観日に

子どもの大好きなスキンシップをしながら、感じたことや願いを口ずさんでみよう。
でたらめの曲でも、歌詞がちゃんとしていなくても、心をこめればそれでOK

「大きく、丈夫に、明るく育て」「可愛いね、いい子だね」…そんな思いを歌詞にして、口ずさんでみます。恥ずかしがらずに、メロディーというより「鼻歌」や「ふし」「抑揚をつける」と思えば、大人もやりやすくなるはず（頭で考えすぎないのがコツ）。

ほっぺをつついたり、おなかを叩いたり…
いろんなさわり方を楽しみましょう。

たべたく なるほど かわいい ほっぺ♪

ほっぺ、ほっぺ プンプン♪
意味がなくても くり返すだけでOK!

ときには おまじない風に
ねむいの ねむいの とんでいけ～！

なんでも たべちゃう おなかに なーれ♪

キャ～ ぐる ぐる
おなかを ぐるぐる なでる。

ポン ポン
おなかをつまむように、手をはずませる。

※どうしてもうまく口ずさめない時は、「ぐるぐるポンポン」で替え歌を作ってみよう。

ぐるぐるポンポン

作詞／作曲　カムジー先生

おなかを ぐるぐる さわっちゃ おう ぐる ぐる ぐるぐる ぐるぐる ぐー

おなかを ポンポン さわっちゃ おう ポン ポン ポン ポン ポン ポン ポン（1拍休み）

おなかを ぐるぐる ポン ポン さ わっちゃ おう ぐるぐる ポン ポン ぐるぐる ポン ポン ぐる ポン ポン（1拍休み）

CD TRACK 1 ことばリズム遊び ※CD参照

リズム遊びの導入です。こんなシンプルなことからはじめればいいんです。
「かぼちゃ」以外にも、楽しいリズムのいろいろなことばを探して遊んでみよう。

❶ 「みんなこれ言えるかな？　カボチャ」→「カボチャ」
※あとについて、子どもがみんなで声を出す。

（コマ①）みんな、これ言えるかな？　カボチャ／カボチャ／あ！言えたね！
（コマ②）♪カボチャ　カボチャ　カボチャッチャッ　今度は長いぞ。／カボチャチャ　カボチャチャ　カボチャッチャッ
（コマ③）いいねぇー！／1回1回ほめてあげましょう！／じゃあもっとむずかしいのいくよーっ!!／わくわく！
（コマ④）カボチャチャ　カボチャチャ　カボカボカボ　カボチャー!!／すごいすごいっ！

※アクセントの位置を変えたり、だんだんことばを長くしたり、強弱をつけたりして遊ぶ。

❷ 「じゃ今度はね、カボチャね、遠くに飛んでいっちゃうよ。いくよ。」
　　カボ〜〜〜〜〜〜〜〜〜〜〜チャ〜〜〜！
※先生がお手本を見せ、そのあと子どもたちで行う。

カ〜ボ〜〜〜チャ〜ッ！

※部屋いっぱいを使って飛ぼう！

Part 2 リズムを生活に取り入れよう！

❸「じゃあね、今度はこれだよ。おこりんぼカボチャ。おこりんぼカボチャは恐いぞ、恐い顔だぞ！　言ってみるよ。」
　「**カーボチャー！**」（思い切り恐い声と顔で）
※先生は「おこりんぼカボチャ」「泣き虫カボチャ」になりきって、お手本を見せること。

★ポイントは 先生のお手本！

こわ〜いカボチャに なりきること！

おこりんぼ カーボチャーッ！

なきむし カボチャチャ チャチャチャ……

悲しそうに…
すすり泣く ように…

※「みんな、声は恐いけど、顔は恐くないぞ」「泣き虫カボチャは、すぐ泣いちゃうんだよ」と、声をかけ、ひとりひとりの表現力を引き出そう。

❹「じゃあ次はね、元気カボチャだよ。元気カボチャは元気だからね、ヒューってお空に飛んでいっちゃうよ。言ってみるよ。**カーボチャー！**」
※ヤッホーと言うように遠くに声を響かせ、あとについて子どもがみんなで声を出す。

カボ　チャ　ピュ〜

チャ　ピュ〜

※声をそろえて元気に言えたら、「すごかったね。拍手〜〜」と、みんなで拍手しよう。

39

CD TRACK 2 世界のリズムをうたっちゃおう！ ※CD参照

生きたリズムはすべての音楽のエンジン！ ロック（アメリカ）、ラテン（中南米）、ボサノバ（ブラジル）…世界にはさまざまなリズムがあることを、子どもたちに伝えよう。

ロック
ドンパン
ドンドンパン
ドンパン
ドンドンパン

ジャズ
チューシュック
チューシュック
パドンディドン…
ドゥ〜

サンバ
ダカシュクドコシュク
ダカシュクドコシュク

ボサノバ
カフカフ
カカッカ
フカフカ
フカフ

レゲエ
ツクチャカ
ツクチャカ
ツクチャカ
ツクチャカ

ラテン
ドゥイチャカ
ドゥイチャカ
ドゥイチャカ
チャチャチャ

シャッフル
ドゥッドゥパード
ドゥッドゥパード
ドゥッドゥパード
ドゥクド
ダクト

Part 2 リズムを生活に取り入れよう！

CD TRACK 3 タンバリンで世界のリズムを叩こう！ ※CD参照

ここは先生用のページ。世界のリズムを「バナナことば」を使って体感し、リズムをとる感覚をつかみましょう（次ページの遊びに生かせます）。

- 右 = 右足を踏む
- 左 = 左足を踏む
- ☀ = タンバリンを叩く

「このリズムで足踏みしながらやってみよう！」

右・左 右・左　4/4　♩♩♩♩｜♩♩♩♩
　　　　　　　　右 左 右 左　右 左 右 左

※「バナナことば」とは…「バ」がタンバリンを叩くところで、「ナ」は休符。
※楽器を持つ前に声を出して練習したり、手拍子で慣らしたりします。

❶ 最初に声だけで「ナナ　バナ　ナナ　バナ」などとうたう。
❷ 声を出し、「バ」でタンバリンを叩く。
❸ 声を出さず、「バ」でタンバリンを叩く（心の中でうたう）。

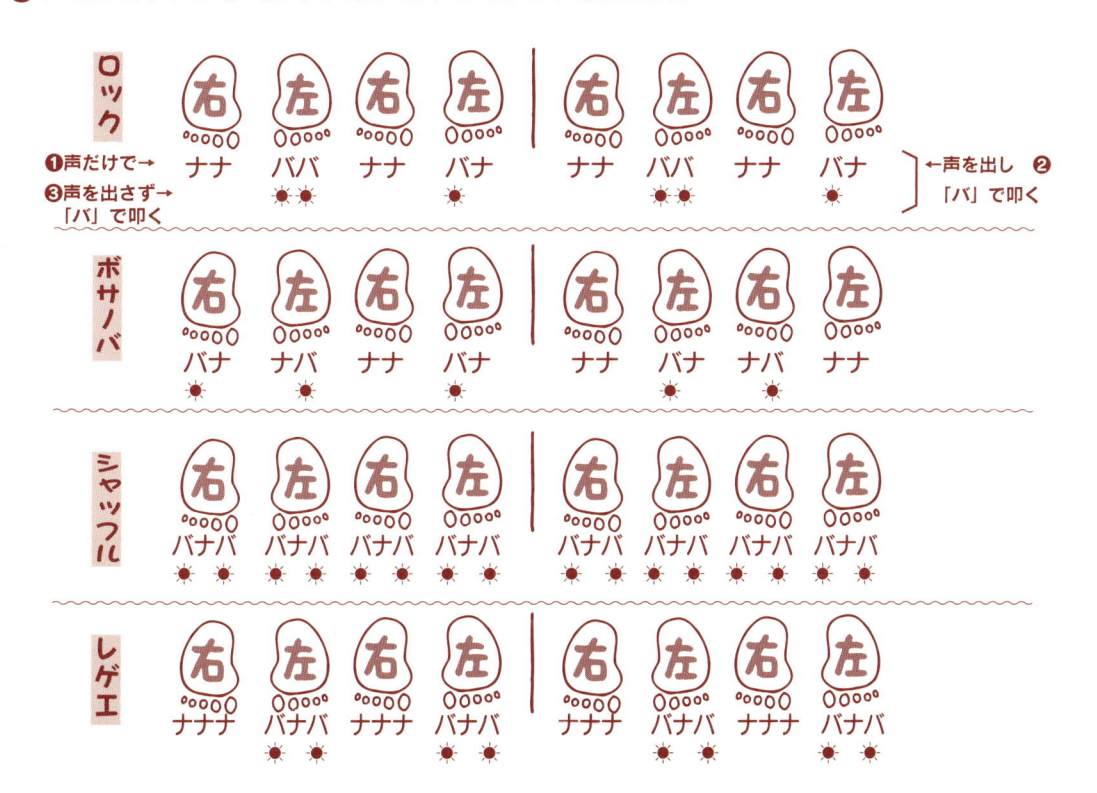

ロック
右 左 右 左 ｜ 右 左 右 左
ナナ ババ ナナ バナ　ナナ ババ ナナ バナ

❶声だけで→
❸声を出さず→「バ」で叩く
❷声を出し「バ」で叩く

ボサノバ
右 左 右 左 ｜ 右 左 右 左
バナ ナバ ナナ バナ　ナナ バナ ナバ ナナ

シャッフル
右 左 右 左 ｜ 右 左 右 左
バナバ バナバ バナバ バナバ　バナバ バナバ バナバ バナバ

レゲエ
右 左 右 左 ｜ 右 左 右 左
ナナナ バナバ ナナナ バナバ　ナナナ バナバ ナナナ バナバ

CD TRACK 4 手拍子リズム合戦のリズムパターンの作り方 ※CD参照

先生がリズムを叩き、子どもがまねをして返す…その遊びをするための
リズムパターンのバリエーション作りをご紹介。

手拍子リズム合戦の遊び方

先生がタンバリンでいろいろなリズムを出し、子どもが手拍子でまねをする。
※リズム感と、集中力を養う遊びです。かんたんな遊びですが、子どもは大好き！

基本のリズム❶で遊んでみましょう。

> CDには「バナ バナ」と、声が入っていますが、これは先生が叩くテンポに慣れるまでの、練習用のことばです。実際に子どもと遊ぶ時は、タンバリンだけを叩きます。

タン タン タン　タン タン タン（1拍休み）

タン タン タン（1拍休み）　タン タン タン（1拍休み）

ハイッ！

※「バ」が打つところで、「ナ」は休符（バナナことば）。

❶-1 先生が「バ」でタンバリンを叩く→

右	左	右	左	右	左	右	ハイ！
バナ	バナ	バナ	ナナ	バナ	バナ	バナ	

❶-2 子どもが手拍子でまねをする→

右	左	右	左	右	左	右	左
バナ	バナ	バナ	ナナ	バナ	バナ	バナ	

ポイントは、足踏みに合わせて行うことと、先生は最後にかけ声の「ハイ」を入れること。そうするとテンポが安定し、子どももやりやすくなるよ。

右ページ　リズムパターンの作り方（1～7）

たくさん遊ぶには、リズムパターンのバリエーションもたくさん必要です。
付属のCDを聞きながら、作り方、叩き方のコツを覚えてください。すごくかんたんです！

Part 2 リズムを生活に取り入れよう！

☀ = タンバリンを叩く　右 = 右足を踏む　左 = 左足を踏む

1小節目の3拍目と4拍目をかえる

バリエーション1
右 左 右 左 | 右 左 右 ハイ!
バナ バナ **ナナ** **バナ** バナ バナ バナ
☀ ☀ ☀ ☀ ☀ ☀ ☀

バリエーション2
右 左 右 左 | 右 左 右 ハイ!
バナ バナ **ナバ** **ナナ** バナ バナ バナ
☀ ☀ ☀ ☀ ☀ ☀ ☀

バリエーション3
右 左 右 左 | 右 左 右 ハイ!
バナ バナ **ナバ** **ナバ** バナ バナ バナ
☀ ☀ ☀ ☀ ☀ ☀ ☀

2小節目の1拍目を「ナバ」にする

バリエーション4
右 左 右 左 | 右 左 右 ハイ!
バナ バナ バナ ナナ **ナバ** バナ バナ
☀ ☀ ☀ ☀ ☀ ☀ ☀

バリエーション5
右 左 右 左 | 右 左 右 ハイ!
バナ バナ ナナ バナ **ナバ** バナ バナ
☀ ☀ ☀ ☀ ☀ ☀ ☀

2小節目の1拍目と2拍目をかえ、1小節のリズムと組み合わせる

バリエーション6
右 左 右 左 | 右 左 右 ハイ!
バナ バナ バナ ナナ **バナ** **ナバ** バナ
☀ ☀ ☀ ☀ ☀ ☀ ☀

バリエーション7
右 左 右 左 | 右 左 右 ハイ!
バナ バナ バナ ナナ **ナナ** **ババ** バナ
☀ ☀ ☀ ☀ ☀ ☀ ☀ ☀

ボサノバのリズムで遊ぼう

春風のフワフワリズム

のどかでやさしいボサノバのリズムでの、やわらかなダンス。
輪になって手をつないでスタート（何人かずつで向き合ってもOK）。

はー るー の がー ぜー がー

手をつなぎ、ゆったりと右、左、右、左と体を揺らす

のん び り と ー うたいだ すー

「のんびり」で右足を出し、「と」でトンとそろえる　　「うたいだ」で左足を出し、「す」でそろえる

★全身で指揮をしよう

子どもの声の強弱や、動作のアドバイスをしたい時は、全身を使って指揮をしてみよう。風がやわらかく吹く様子は全身でゆったりと。ささやくようにうたってほしいところでは、体を小さくかがめて自分の声も落として…と音のイメージを体で表します。「クス」「クス」「と」と動作で切って見せたりすると、うたい方の感覚も伝わります。怒鳴ってうたってしまう子にも効果的。目で見て自分から気づくようになるでしょう。

Part 2 リズムを生活に取り入れよう！

やわらかに♪ そよそよ〜

C　　　　　　　　　　　　　G
ソ──　ミ　ファ・　ミ　　レ　ミ　レ──ミ
ほ──っ　ぺー　を　　　な──で──る──

両手のひらで頬に2回優しくふれる　　頬の横でクルクルと3回、回す

C　　　　　　　　　　　　G　　　　　　　C
ミ　ミ　ミ　ファ　ソ──ミ　　ミ　ミ　ミ　レ　　ド──ド
ク　ス　ク　ス　と──　　く　す　ぐ　る　　よ──

かがんでこぶしを口にあてる　　人さし指をクルクル2回、回し、「よ」で止める

クスクスと　　小さくうたおう　　やわらか〜くうたおう

レゲエのリズムで遊ぼう

波とダンス

レゲエのリズム「ズン・チャッ チャ」さえできるようになれば、ムードを出して踊れるよ！ 先生のお手本がすべてのカギ！

♪ なみうちぎわで ♪ (1拍休み) チャッ プ (ウン) (1拍休み) チャッ プ (ウン)

右に、左に体を揺らす　　休符で足を踏み出し「チャップ」で右手拍子、また足を踏み出し左手拍子

♪ (休み) カニがおどるよ ♪ (1拍休み) チャッ プ (ウン) (1拍休み) チャッ プ (ウン)

カニのポーズで右に左に体を揺らす　　休符で足を踏み出し「チャップ」で右手拍子、左手拍子

休符を感じてから「チャップ」で手拍子。

ポイントだよ☆

Part 2 リズムを生活に取り入れよう！

| C | G7 |

休み ぼ く も つ ら れ て　　1拍休み（ウン） チャッ プ　1拍休み（ウン） チャッ プ

波のり気分で♪

波乗り気分で右に左に体を揺らす　　休符で足を踏み出し「チャップ」で右手拍子、左手拍子

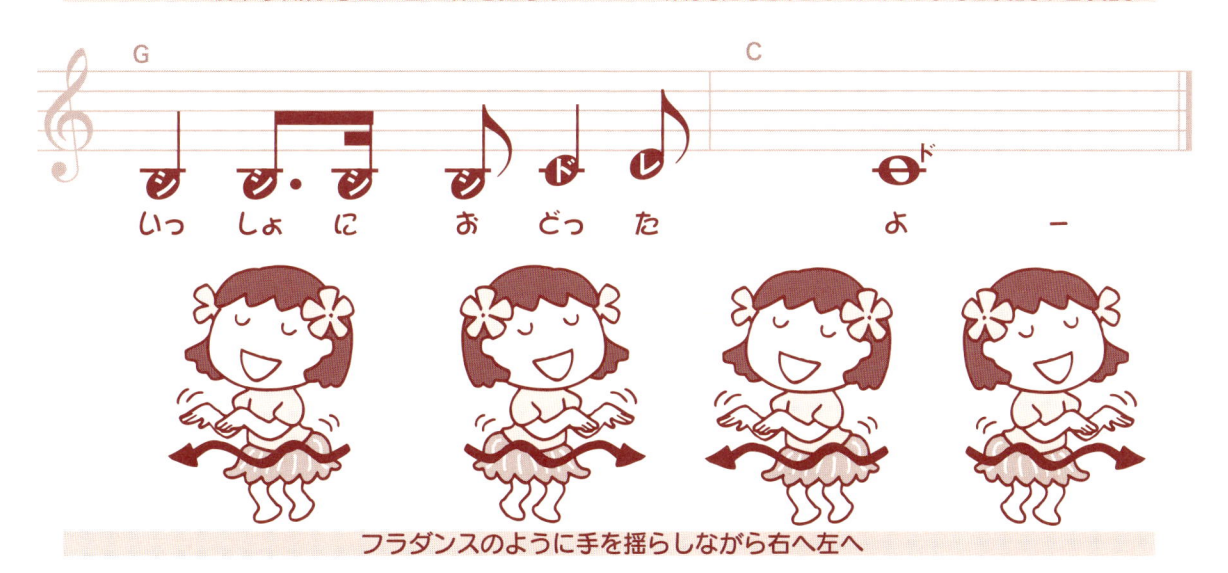

| G | C |

いっ しょ に お ど っ た よ ー

フラダンスのように手を揺らしながら右へ左へ

バリエーション

このリズムだけで楽器遊びをしてみよう！

ズン チャッチャ

「ズン」と「チャッチャ」で2つの楽器に分かれ、交互に鳴らしてみましょう。
ギロやマラカスなど民族楽器などを使うとレゲエの雰囲気（？）が楽しめます。

サンバのリズムで遊ぼう

ぼくはゆかいな船長さん

サンバのリズム「ドクシュク　ドクシュク　ドクシュク　ドクシュク」
（エンジンが忙しく回るイメージ）を感じながら、ノリよく遊んでね。

| | おフロに ふねを うーかーべ て |

おフロに　ふねを　うーかーべ　て

波をかきわけ～♪　ザップーン！

- 両手で船を作り右に進む！
- 正面に戻り
- 左に進む！
- 正面に戻る

ぼくーは　ゆかいな　せん　ちょう　さん　【1拍休み】

- 左手を腰、右手の人さし指で頬を2回さす
- 左から右へ双眼鏡でグル～リと偵察

Part **2** リズムを生活に取り入れよう！

おおきなな みを のりこえ て

「おおきな」でボートをこぎ、「なみを」で直立 　「のりこえ」でこいで、「て」で直立

ひろーいせかいへ まっしぐら 1拍休み

両腕を下から上へ、大きく円を描く 　左手を腰、右手の人さし指で空を元気に指さす

★サンバのリズムを全身で表現

先生が「ドクシュク ドクシュク」のリズムを感じながら、お手本を見せます。船はグイグイ波をかき分け、こぐ時はグイーンと力をこめて、最後は空にのび上がるように…と、楽しさをイキイキと伝えよう。

ドクシュクだけ声に出しておどってみよう！おもしろいよ！

元気よく!!

ドクシュク ドクシュク ドクシュク ドクシュク ｜ ドクシュク ドクシュク ドクシュク ドクシュク ｜
おっ ぴろ ふね を うが ーべ て

Column
「休符」は休まずに「うたう」こと！

例えば手拍子で $\frac{4}{4}$ ♩ ╲ ♩ ╲ ‖ というリズムを叩く時、「叩く 休み 叩く 休み」という意識でなく、「叩く・叩かずに心の中でうたって待つ・叩く・叩かずに心の中でうたって待つ」という意識に変えましょう。休符は休むというより、次のための緊張感の時です。

✗ $\frac{4}{4}$
休れじゃだめ〜

○ $\frac{4}{4}$
ちゃんと待つ

ピアノを弾く時に、よくメロディーが転ぶようになってしまう原因は、休符での間(ま)をしっかりとらないことにもあります。1曲を通してずっと体の中にリズムを感じる（緊張感を保つ）ことでメリハリもつき、曲全体が安定します。休符の時も手拍子や足踏みを続けたり、メトロノームをかけるなどすると、リズムを安定させる練習になりますよ。

「心の中でうたって待つ」のは、おみこしの「ワッショイ」「ワッショイ」というかけ声のイメージにも通じます。

ワッショイ！
相手の声を聞き、自分の番を待つ。
ワッショイ！

音符と休符をファンの歓声に例えると…

空港にて…
ロンさま まだかしら〜
わくわく♡
$\frac{4}{4}$

キャーッ
チラッ！
パシャパシャ
♩

また出てきてくれるかしら!?
サッ
わくわくっ♡
╲

キャーッ
チラッ！
パシャパシャ
♩

また出てきてくれるかしら!?
サッ
わくわくっ♡
╲

part 3
参観日 発表会 運動会 ピッタリのリズム遊び

♬はじめましてこんにちは
♬キュラキュラカーン！
♬もったいないよネ！
♬トマトのとまこの冒険旅行
♬パーパラ パピプペポ
♬空手円舞曲

この章の曲は全部、付属のCDにのっています！
いっぱい遊んで、楽しんで、参観日や発表会、運動会で
ぜひ披露してください。

CD TRACK 5

新学期・参観日に

はじめまして こんにちは ※CD参照

みんなで輪になり、ひとりずつ順番に、一歩前に踏み出して自己紹介。
うまくできない子がいても、それで OK ！ 楽しいが一番！

はじーめ	まして	こんにち	は

一歩、大きく前へ　　　　　　　　　　　ふかぶかとおじぎ／おじぎをする

わたしの（ぼくの）	なまえは	○○	で〜す！

片方ずつ手を胸で組み、左右に揺する　　　名前を言いながら左右に揺する

あな	たの	おなまえ	を

両手の人さし指でリズムを取る　　一歩下がる　　もとの位置に戻る

Part 3 参観日 発表会 運動会 ピッタリのリズム遊び

人より一歩前に出るのをこわがらないようにする、そんなトレーニングにもなる遊びですが、「前に出なさい」「大きな声で」と指摘はしないこと。
遊びの流れを止めずに、さりげなくその子に注目して一緒にやってあげたり、「可愛い声で名前が言えたね」など、できたことを認めてあげましょう。

おしえて くだ さい

つぎは わたしね！
右手側の友だちの肩を3回叩く

パン パン パン！
全員で3回手拍子

バリエーション

「○○で〜す！」のところで、好きなポーズを！

ゆうた です！ どーん
まい です♪ ひらひら
はるか でえ〜す♡
つばさ ですっ！ びゅーん！

はじめまして こんにちは

作詞／作曲 カムジー先生

はじめまして こんにちは (1拍休み) わたしの なまえは ○○で〜す！

あなたの おなまえを (1拍休み) おしえて くだ さい (パン パン パン)

※この楽譜のコードはCDよりシンプルになっています。

CD TRACK 6

参観日・発表会に

キュラキュラカーン！ ※CD参照

好き嫌いをなくす「おまじないソング」。ロックのリズムを楽しもう！
かっこいいギタリストになりきるのがコツ?!

| きらいな | ものを | たべると | き |

かっこよく！ / 前へ / 後ろへ / 前へ / 後ろへ / 1拍休み

体を前後に揺すりながらエレキギターをかっこ良く弾く

| まほうをかけよう | キューラー キューラー キュラ キュラ | カーン！ |

くねくね　キュ～ラ　キュ～ラ　しゃき～ん！

ゆっくり大きな円を描く　　手のひらを合わせて右、左とクネクネ動かす　　上に突き上げる

| だいすきに | なっちゃっ | た | イェー！ |

体と両手を左右に振って喜びのポーズ（明るいメロディーに合わせ表情も変える）　ぐっと構えてから右のこぶしを突き上げる

Part 3 参観日 発表会 運動会 ピッタリのリズム遊び

キューラキューラカーン！

作詞／作曲　カムジー先生

きらいなものを　たべるとき　1拍休み　まほうをかけよう

キューラーキューラー　キュラキュラ　カーン！　だいすきになっちゃった　1拍休み　イェー！

※この楽譜のコードはCDよりシンプルになっています。

CD／前奏・間奏・後奏…妖しいアリババの盗賊風に、自由に踊りましょう！

「キューラキューラ」の呪文で、嫌いなものに魔法をかけてあげよう。かける側が（このおまじないは本当に効く！）と信じれば、子どもはバッチリ魔法にかかってくれるはず。

CD TRACK 7 もったいないよネ！ ※CD参照

参観日に

「もったいない」のは物だけでなく、毎日の生活の中にもあるよね。みんなでいろいろな「もったいない」をみつけて、替え歌も楽しんでみてね！「地球を壊したらもったいない〜こんなにきれいな星なのに」なんていう壮大なテーマもステキだね。

1番

もったい	ない	もったい	ない
こぶしを両頬にあてる	その手を頭の上に	また頬に	頭の上に

Ⓐ
はやおき	しなくちゃ
両手で丸を作り、左へ右へと体を揺らす	

もったい	ない
こぶしを頬に	その手を頭の上に

もったい	ない	もったい	ない
こぶしを両頬にあてる	その手を頭の上に	また頬に	頭の上に

Ⓑ
おひさま	げんきを	くれるの	に
両手で丸を作り、左、右、左、右と体を揺らす			

Part 3 参観日 発表会 運動会 ピッタリのリズム遊び

もったいないよネ！

作詞／作曲 カムジー先生

1番 もったいない もったいない はやおきしなくちゃ もったいない
2番 もったいない もったいない あさごはんたべなきゃ もったいない

もったいない もったいない おひさまげんきを くれるのに
もったいない もったいない いちにちキラキラ するのにね

※この楽譜のコードはCDよりシンプルになっています。

© 2005 by JUN&KEI MUSIC PUBLISHERS,INC.

2番〜6番はⒶとⒷの動作を変えるだけ

2番 
Ⓐ 「朝ごはん食べなきゃ」で食べる仕草
Ⓑ 「一日キラキラするのにね」で両手をヒラヒラ

3番 
Ⓐ 「なんでも食べなきゃ」で交互に食物を頬ばる仕草
Ⓑ 「丈夫な体になるのにね」で力こぶ。1拍ごとに体を左右に

4番 
Ⓐ 「暗い顔してたら」で顔を伏せ、手を開いたり閉じたりしてグルッと見回す
Ⓑ 「ステキな笑顔があるのにね」で頬で人さし指を回す

5番 
Ⓐ 「テレビばっかり見てたら」で両手で作ったテレビの枠をまぶたにあて、見回すように
Ⓑ 「お話たくさんできるのに」で左手右手交互に開く

6番 
Ⓐ 「早く寝なくちゃ」Ⓑ 「楽しい夢が見れるのに」は、両方同じ動作。合わせた両手を右頬、左頬交互にあてて体を左右に

間奏
小鳥になってあちこち飛び回りましょう。

CD TRACK 8 トマトのとまこの冒険旅行 ※CD参照

発表会・運動会で

野菜のダジャレが満載の歌！？
足踏みしないところも、体でリズムをとることを忘れずに。

ポイントだよ

| トマトの | （パンパン） | とまこの | （パンパン） | ぼうけんりょこ | う |

輪を作った手をおろし、足を2回叩く（2回）　　左手を腰、右手を額にあて、右足を出す（「う」で反対も）

| じてんしゃこぎこぎ | ぼうけんりょこ　う | （間奏） |

足踏みしながら自転車をこぐ動作　　上段くり返し　　リズムをとって待つ

| ほっかいどうじゃ | ひさしぶりに | トモロロくんにあったよ |

平泳ぎの動作　　人さし指を頬にあてる　　トウモロコシを食べる動作

| ジャガタラおじさん しんけいつうが | なおって | クマにのってたよ |

腰を曲げ、杖をつく動作（ゆっくり3歩）　　体をまっすぐ起こす　　足はノシノシと4歩（手はおんぶの形）

Part **3** 参観日 発表会 運動会 ピッタリのリズム遊び

たのしいきぶんで	はっぴを きこんで	たっぴみさきにじょうりくだ
足踏みしながら両手をヒラヒラ	右、左と手を胸で組む	右手の人さし指で遠くを差す

リンゴー ぼうやが	カッパを かぶって	ラッパをふいてるよ
両手で丸を描く	右手を頭にあててから指先を上げる	手を広げラッパを吹く（4回リズムをとる）

じんせいはまっかっかに	もえて いこう	よ	ー
足踏みしながら両手をヒラヒラ	手をヒラヒラさせたまま左右、左右と揺らす（足踏み）		

トマトマ トマトマ	とまら ないで	まえむきにあるこうよ
頭の上で輪を作ってから、足を2回叩く（2回）		腕を振って元気に足踏み

トマトの （パンパン） とまこの （パンパン） ぼうけんりょこう じてんしゃこぎこぎ ぼうけんりょこう （間奏）

最初の8小節のくり返し　間奏では、自転車に乗ったポーズでグルグル回ります

カボ チャンと あそ んで	おなかが スイカ	チョットここらで	ひと ナスビ
両脇から前へ、手でボコボコボコを表現	右、左と手をあてる	人さし指を頬に	両手を右頬、左頬にあてる

あわてもんの キュウリが とっとりの さきゅうで	バナナのたたキュウ リ
両手を上げたまま、全身をクネクネ（4回）	左手に右手を上から合わせる（2回）

あその かざんで おイモをやいたら	さくらじまから ガスがで た
上から下へ両手で火山を表現（2回）	右手で煙をあおぐ動作	火山を表現（1回）	下から上へ吹き上げる動作

イガ グリ おじ さん	ビックリ たまげて	ニラタマたべてるよ	（間奏）
右上、左上、右下、左下と手を交互に突き出す	おじぎの状態から手を広げる	食べる動作	リズムをとって待つ

じんせいはまっかっかに	もえていこうよ	トマトマトマトマとまらないで	まえむきにあるこうよ

前ページの3、4段目をくり返す

トマトのとまこの冒険旅行

作詞／作曲　カムジー先生

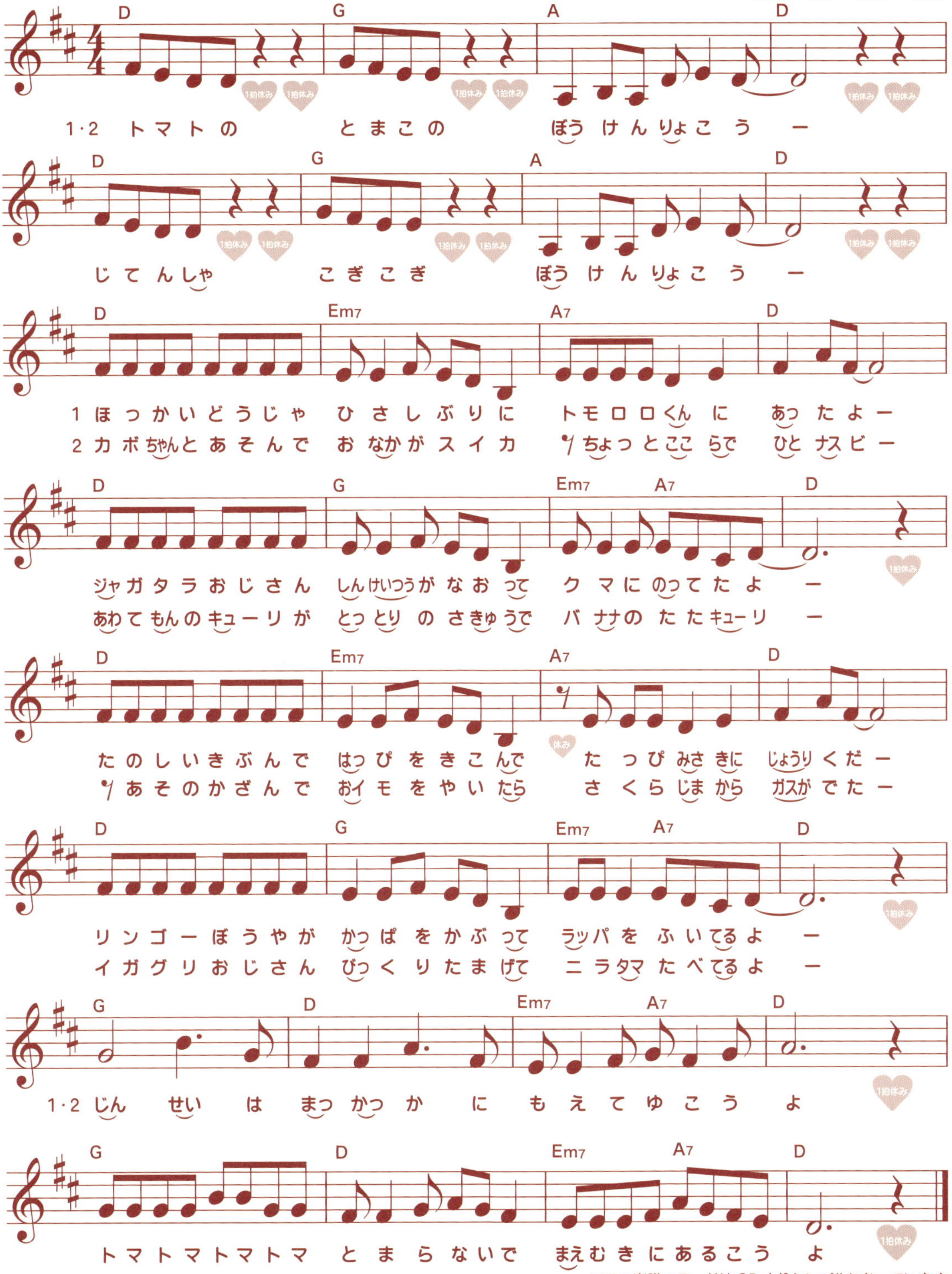

※この楽譜のコードはCDよりシンプルになっています。

CD TRACK 9

発表会・運動会で

パーパラ パピプペポ ※CD参照

怒ったり、泣いたり、笑ったり…表情豊かに踊ってね。
1番は元気よく、2番は脱力気味で！

前奏）リズムにのって体を動かす

1番

C みぎてをあげて　みぎてをあげて　ランラン　ランラン　　ひだりてあげて　ひだりてあげて　ランラン　ランラン

左手を腰にあて、右手を上げて振る（往復4回） 　　　右手を腰にあて、左手を上げて振る（4回）

D そのてをバタバタ　そのてをバタバタ　ランラン　ランラン　　パウ　パーパラパーパラパーパラ　パピプペポ

両手を上げて前後にバタバタさせる  　　　手のひらを合わせ下までクネクネと（5回位）おろしていく

あしぶみして　あしぶみして　ランラン　ランラン　　うでをふって　うでをふって　ランラン　ランラン

横図
※実際には
正面向きで

リズムに合わせて足踏みをする（8回）　　　右・左・右・左の順に腕を体の脇で大きく回す

こわい　かおして　こわい　かおして　プンプン　プンプン　　ほら　あかおにあかおにあかおに　カキクケコ

恐い顔で、握りこぶしで両脇を叩くように（8回） 　　　手のひらを合わせ、上から下までクネクネとおろしていく

Part 3 参観日 発表会 運動会 ピッタリのリズム遊び

元気よく!!

A さみしいとき や しかられたと き ポロポロと なみだが でちゃう けど

こぶしを目にあて、右左右左に体を揺する　　親指をこめかみにあて、体を左右に振りながら手を開閉させる

B げんきを だして ラララ リルレ ロ

両脇から何かを抱え上げるように（4回）　　「ロ」で両脇で力こぶを作る

とびはねて とびはねて ランラン ランラン ニコニコして とびはねて ランラン ランラン

その場でジャンプする（4回）　　両手を顔の横でヒラヒラさせてから、またジャンプ（3回）

とびはねて ニコニコして ランラン ランラン ほら ゆかいにゆかいにゆかいに ナニヌネノ

ジャンプしてから、両手をヒラヒラさせる　　手のひらを合わせ、上から下までクネクネとおろしていく

63

間奏）リズムにのって体を動かす

2番

みぎあしけって　みぎあしけって　ランラン　ランラン　　ひだりあしけって　ひだりあしけって　ランラン　ランラン

両手を上げ、右足で蹴る動作（4回） 　　　　　　　　　　　左足で蹴る動作（4回）

ちょっとずつはやく　ちょっとずつはやく　ランラン　ランラン　　ほら　いそいでいそいでいそいで　アイウエオ

全身をクネクネさせる　　　　　　　　　　　手のひらを合わせ、上から下までクネクネとおろしていく

ちからをぬいて　ちからをぬいて　ランラン　ランラン　　クネクネして　ちからをぬいて　ランラン　ランラン

上に上げた手を力を抜きながら下におろす 　　左右に広げた手をクネクネさせながら力を抜いて下におろす

ちからをぬいて　クネクネして　ランラン　ランラン　　ほら　フニャフニャフニャフニャフニャフニャ　ニャィニュニェニョ

手をだらんと下げ、脱力して下までしゃがむ 　　上げた両手を、上から下までフニャフニャとおろしていく

1番のABCDの順にくり返し

A	さみしいとき　や　しかられたとき　　　ポロポロと　なみだが　でちゃう　けど
B	げんきを　　だして　　ラララ　　リルレ　　ロ
C	みぎてをあげて　みぎてをあげて　ランラン　ランラン　　ひだりてあげて　ひだりてあげて　ランラン　ランラン
D	そのてをバタバタ　そのてをバタバタランラン　ランラン　　パラ　パーパラパーパラパーパラ　パピプペポ

ラランラ ランラ ラランラ ランラ ランラン ランラン　　　ラランラ ランラ ラランラ ランラ ランラン ランラン

右手を腰に、「ラランラ」に合わせ左手を右から左へ揺らしていく　　　反対も同様に

ラランラランラ　ラランラランラ　ランラン　ランラン　　パラ パーパラパーパラパーパラ　パピプペポ

短く右から左　　左から右　　右から左　　左から右　　手のひらを合わせ、上から下までクネクネとおろしていく

※最後の「パラ　パーパラ」のくり返しでは同じ動作を続け、最後は好きなポーズで決めよう

楽譜は次ページ
1番のみ

1番
右手を上げて右手を上げて　ランラン　ランラン
左手上げて左手上げて　ランラン　ランラン
その手をバタバタその手をバタバタ　ランラン　ランラン
パラ　パーパラ　パーパラ　パーパラ　パピプペポ

足踏みして足踏みして　ランラン　ランラン
腕を振って腕を振って　ランラン　ランラン
恐い顔して恐い顔して　プンプン　プンプン
ほら　赤鬼　赤鬼　赤鬼　カキクケコ

寂しい時や　叱られた時
ボロボロと涙が出ちゃうけど
元気を出して　ラララリルレロ

飛び跳ねて飛び跳ねて　ランラン　ランラン
ニコニコして飛び跳ねて　ランラン　ランラン
飛び跳ねてニコニコして　ランラン　ランラン
ほら　ゆかいに　ゆかいに　ゆかいに　ナニヌネノ

2番
右足蹴って右足蹴って　ランラン　ランラン
左足蹴って左足蹴って　ランラン　ランラン
ちょっとずつ早くちょっとずつ早く　ランラン　ランラン
ほら　急いで　急いで　急いで　アイウエオ

力を抜いて力を抜いて　ランラン　ランラン
クネクネして力を抜いて　ランラン　ランラン
力を抜いてクネクネして　ランラン　ランラン
ほら　フニャフニャ　フニャフニャ
フニャフニャ　ニャニィニュニェニョ

寂しい時や　叱られた時
ボロボロと涙が出ちゃうけど
元気を出して　ラララリルレロ

右手を上げて　右手を上げて　ランラン　ランラン
左手上げて　左手上げて　ランラン　ランラン
その手をバタバタ　その手をバタバタ　ランラン　ランラン
パラ　パーパラ　パーパラ　パーパラ　パピプペポ

ラランラランラ　ラランラランラ　ランラン　ランラン
ラランラランラ　ラランラランラ　ランラン　ランラン
ラランラランラ　ラランラランラ　ランラン　ランラン
パラ　パーパラ　パーパラ　パーパラ　パピプペポ

パーパラパピプペポ

作詞／作曲　カムジー先生

みぎてを あげて みぎてを あげて ランラン（ランラン） ひだりて あげて ひだりて あげて ランラン（ランラン）
あしぶみ して あしぶみ して ランラン（ランラン） うでーを ふって うでーを ふって ランラン（ランラン）

そのてを バタバタ そのてを バタバタ ランラン（ランラン）パラ パーパラ パーパラ パーパラ パピプペ ポ
こわーい かおして こわーい かおして プンプン（プンプン）ほら あかおに あかおに あかおに カキクケ コ

さみしいときや しかられたとき ポ

ロポロとなみだが でちゃうけど げんきをだして ラララ リルレロ

とびーは ねてとびーは ねて ランラン（ランラン） ニコニコ してとびーは ねて ランラン（ランラン）

とびーは ねて ニコニコ して ランラン（ランラン）ほら ゆかいに ゆかいに ゆかいに ナニヌネ ノ

※この楽譜のコードはCDよりシンプルになっています。

Part 3 参観日 発表会 運動会 ピッタリのリズム遊び

CD TRACK 10

元気よく!!

空手円舞曲 ※CD参照

運動会で

空手をイメージした音楽です。運動会や発表会用に、自由に振り付けをして楽しんでね。下のような空手の決めポーズを入れてみよう。

part 4 「気になる子」への リズムセラピー

心をこめて♡

ゆっくり、ゆっくり
頭がおぼれそうな時に
頭に話しかけたらかわいそう
頭がおぼれちゃうよ

心が重たくて動きづらい時は
心を軽くしてあげてから！
やさしい空気が大事だよ
やさしい笑顔で目を見てあげて
やさしい笑顔で声をかけて

ゆっくり、ゆっくり、やさしく、ゆっくり
小さな声でいいんだよ
小さな音でいいんだよ
小さな仕草でいいんだよ

ゆっくり、ゆっくり、やさしく、ゆっくり
元気な声がでてくるよ
元気な音がでてくるよ
元気な仕草がでてくるよ

Dr.Nakura Dr.Hoshino

心の氷をとかす
カムジー先生のリズムセラピー

私たちの専門は、小児科の中でも小児神経という分野で、心にトラブルのある子どもたちがたくさん来ます。
ある時、ひとりの子どもの心の氷をとかしてもらいたい、お母様の心に明るい希望の光を届けてあげたいと思い、カムジー先生を紹介したところ、なんとはじめて会ったその日に、カムジー先生は彼の心を開いてくださいました。
カムジー先生は子どもたちの心を、普通のお医者様や学校の先生とは全く違った視点でとらえます。私たちが「困った」と思っても、「よしよし、すごいエネルギーだ、これで行こう」と、短所を長所に変えてしまいます。とても大事なことですが、なかなかできることではありません。
「どんな子どもも悪い子はいない、必ず長所がある」と信じて、子どもたちの心の小さな小さな光を捉えます。アンテナでしっかりキャッチします。それが、子どもたちにはわかるのです。だから、子どもたちはカムジー先生が大好きです。
初対面でも、子どもたちと先生の間には、目には見えない強い友情が一瞬で芽生えるのです。これが、カムジー先生の心の治療です。
そしてそれが一番大事なことなのです。

落ち着きのない子、みんなと一緒にうまく遊べない子、怒鳴ってうたってしまう子…どの園にも見られる子どもの姿ですね。どうかその子を叱らずに、心の扉をやさしいリズムでノックしてあげましょう。これまでリズムセラピーで出会った子どもたちとの心のふれあいの体験が、少しでもみなさんのお役に立つようにと願います。

心を閉ざして反抗的だったTくん。
←いつも暗い表情
お母さんも落ち込んで、暗い表情

あくしゅ！
カムジー先生と対面！

キライ！イヤ！ダメーッ
みんないなくなればいい！
否定的なことをずっとしゃべっている。

うわ！すごいパワーだ！
このエネルギーでいこう!!

じゃあ今日はキライキライリズムでいこう!!

たいこ!!

太鼓ひとつで心の元気を取り戻せる場合もあります。

キライーッ キライーッ キライーッ ワーギャー

キライードドドドキライー
もっともっとイエーイ!!

40分ぐらいたって…
キライキライー
まだキライと言いながらもかわいい笑顔♡

そして…

その後も一緒に何度もセッションしました！
チャーハンの歌を作ったり…
お天気をテーマにたいこをたたいたり…
♡Tくんの心は少しずつ開いていきました。

興味が次々と移り変わってしまう子
今、その子が夢中になっている世界に入りこんでいこう

はじめてのセラピーの日、3歳のA君は、部屋に入るなり、いきなり電車ごっこをはじめました…と思ったら次はレストランごっこ…そしてサンタクロースごっこ…。ほとんど1分おきに、遊びたいことが変わります。

ピアノにも興味を持ったので自由にさわらせてあげると、はじめはカバーをかぶってみたり、中を気にしてみたりと落ち着きませんでしたが、鍵盤にふれたら、すごいいきおいで演奏を聞かせてくれました！（もちろんメロディーにはなっていませんが）。僕も加わって音を出してみると、きれいな音も気に入ったようで「ポロン　ポロン」と何回も鳴らしては、笑顔を見せています。

A君が電車ごっこをする時は、僕も電車ごっこを一緒に。レストランごっこをする時は、レストランごっこを一緒に。ピアノだったら一緒に音を出してみる。
そんなセラピーを続けているうちに、1つの遊びにかける時間が5分、10分と、だんだん長くなり、持続して遊べるようになっていきました。
コロコロと気分が変わってしまううちは、子ども同士での関わりは難しいので、大人がしっかり見守り、よりそっていく期間が必要でしょう。

夢中で遊んでいる子に、関係のないことを話しかけてもコミュニケーションはとれません。	その子がその時、興味を持っているものの世界にこちらも入っていって話しかけてあげてください。
「つぎはろっぽんぎでーす！」「たいこしないの？！」	「つぎはしんじゅくでーす！」「ぼくものせてくださーい！」「くまさんどうぞ！」

叩いたことに対して、必ず音がかえってくる。それがここちよいから子どもは楽器が大好きなのだと思います。もし音がかえってこなければ、叩くのをやめてしまいます。
みなさんは話しかけられた時にすぐに返事をしていますか？　子どもの発する電波に必ず反応してあげること、反応に答えていくことで心は開かれていきます。多くの問題はそれでずいぶん解決できると思っています。

奇声を発する子・汚いことばを使う子
「遊び心のポケット」から、その子にあった対応法を引き出そう

★奇声を遊びにしてストレス発散

奇声を発する子には、まずは好きなだけ声を出させてあげましょう。集団で同じことをするのが不得意な子には、マンツーマンで遊ぶ時間をとりましょう。

もしみんなで何かする時に「ギャーギャー」と騒ぐ子がいたら、「やめなさい」と言わず、「じゃあ今日はギャー遊びをしよう」と、その日の予定を思い切って変更してしまうのもひとつの手段。「ギャー」に強弱、勢い、リズムをつけてみんなで遊びます。

ギャーあそび
ギャッ／ギャッ／ギャッギャギャ ギャッギャー！／ギャギャギャ／ギャッギャッギャー ギャッギャッギャ〜
全身も動かす！

ギャーギャー!! ギャギャー ギャギャー！
たじたじ → ギャー、やーめた！
本気でやると、たじろいで、「ギャー」と言わなくなる子も。

うんこっこリズムあそび
どんぶらこっこ〜 うんこっこ〜♪
うんここ♪ うこうこ うんこここ〜♪

まねを してもらって、うまくできたら ほめよう！
なれたら 早口ことばや 長いことばにしてみよう！

★汚いことばはラブレターのようなもの

汚いことば（例えば「うんこ」）を言う子は、このことばを言うと大人が注目してくれる…おそらくそう思っているのがほとんどで、いって見ればラブレターのような愛情表現なのです。「やめなさい」とかまってもらいたくて電波を発しているのですから、大げさに注意をしてしまうと逆効果。深刻にとらず「うんこリズム遊び」にしてしまって、子どもと一緒に楽しんでしまいましょう！

> 子どもをよく見ていると（見て見て、聞いて）という電波をいっぱい出しています…みんな心が話をしたいのです。子どもの発する電波をやさしい心でキャッチして、何かその子の関心が向くようなものや遊びを見つけてあげましょう。

やる気のなさそうな子・反応の薄い子
目を合わせ、笑顔を向けてあげよう

ボーッとしていたり、何を言ってもなかなか反応しない子がいると、その子にばかり注意をしがちですね。でも「どうしたの」「やろうよ」など、あまりしつこく話しかけたりすると、その子を追いつめてしまうこともあります。楽しい気持ちでこちらに注意を向けられるような誘いかけをしてみましょう。

遊びの間に、ときどきパッとその子の目を見てあげる（いきなり見るのがコツ）。それを何回かやっているうちに、何かの拍子にフッと笑ってくれたりするはず。

反応がなくても、根気よく1日、目を注いで見てあげましょう。

先生が自分に目をとめてくれていると感じることは、心にとって効果抜群！　子どもの心と会話しようと思うだけで、子どもの心に伝わります。

> 何か辛いこと、悲しい気持ちでいるために、遊びに入りこめない子もいるかもしれません。心の包帯は見えにくいので、ついつい無理なこと、無茶なことを要求して、心を傷つけているかもしれません。傷が大きくならないうちに、爆発しないうちに、重い心を軽くしてあげたいですね。

やる気のない子や、反応しない子には…
時々パッと目を見てあげよう！
根気よく何回もやってみよう。

集中力がなく遊びから離れてしまう子
その子が何に興味を持つか、探す努力をしてあげよう

例えばみんなで歌をうたっている時に、ひとりだけ積み木のところに行ってしまうなど、他に意識が向いてしまう子には、その子がどんなことに反応を示すのか、何に興味を持つかを探す努力をしてあげましょう。

それは太鼓かもしれないし、縄跳び、絵本かもしれません。見つかれば、それが集中力を養うきっかけとなるはずです。あせらないこと。

> 何かに夢中になることは心を元気にします。毎日その子に接する中で、夢中になることを見つけてあげてください。難しいことでなく、子どもの心の反応に答えていくと見つかりますよ。

手足のリズムが合わない子

「げんき！ あしぶみ」（p.14〜）を使い、足踏みのトレーニングをしてみよう

★子どもに「ちゃんと」と言わないで！
足踏みの時、体がまっすぐにならず、グニャグニャしてしまう子、また、右手と右足が同時に出てしまう子がいます。
そんな時、「ちゃんとしなさい」「ちゃんと歩きなさい」ということばはやめましょう。本人は「ちゃんと」やっているのですから、悲しい思いをさせてしまうだけです。

★どっちが正しいとは言わないこと
右手と右足を一緒に上げる足踏みは、やってみようと思うと結構むずかしいもの。それができることも認めてあげましょう。次ページのようなトレーニングで、一般的な足踏みができるようになってきたら、「〇〇ちゃんは両方できてすごいね！ でもみんなで足踏みする時は、交互に上げる方をやってみようね」と、伝えてあげましょう。

★表現したことをほめる、認める
また、歩く時にモジモジ、クネクネしている子がいたら、「あっ！ クネクネリズムだ。かっこいいね」と、それを楽しく取り上げ、肯定してあげましょう。ちょっとくらい変わっていてもOKです！ 少しでも動作できたことを認め、自信をつけてあげること。

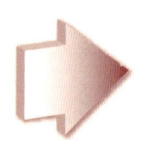

手足のリズムが合わない子への
トレーニング（できればマンツーマンで）

「げんき！ あしぶみ」（p.14〜）をうたいながら、先生が歌詞を替えて
動作をリードしていきます。※その子の力量に応じて、急がずに！

♪あしぶみしながら

❶ まず足踏みだけ　❷ 両手を前に　❸ 両手をおろして　❹ 両手を後ろに

❺ 右手だけ前に　❻ 左手だけ前に　❼ 右手は前、左手は後ろ　❽ 両手を上に　…など

例えば左側だけ動かすのが苦手な子の場合

★完成形に急がないこと
前ページのように指導していると、片側は大丈夫なのに、反対側の肩が上がるなどしてうまく歩けない子がいたりします。その時に、苦手な方ばかりやらせようとすると、いやになってしまうので、まずできる方から集中的に動かしてみましょう。得意な方で試しているうちに、だんだん楽しくなって体がほぐれてきます。見ていて（やれそうかな）と思ったら、両手の動作を加え、少しずつ左側の動作を増やしていくようにしてください。

♪あしぶみしながら

① 右手を前に　右手を上に　右手をおしりに　…などができるようになったら②へ

※足踏みは続けた状態で行います。

② 右手で右の耳をさわる　右手で反対の耳にさわる　右手で鼻をつまむ　…と変えていく

③ やっているうちにできそうだと思ったら…両手の動作に変えていきます。　両手のグーをほっぺに　両手をうしろで組んで　…など

④ いよいよできそうだと思ったら…左手の動作を入れて、体をほぐしていきましょう。　左手のグーをほっぺに　左手を頭に　…など

小さい声の子どもには
認める・ほめる・全身で伝える

★その子の声を認めましょう

遊ぶ時、歌をうたう時、まわりの子に比べて声の小さい子がいたらどうしますか？　前にも書いたように「ちゃんと」と言うのは厳禁。その子なりに「ちゃんと」声を出しているからです（楽器を鳴らす音も同じ）。

「小さくてやさしい声だね」「可愛い声だね」って、まずは認めてあげましょう。

「小さな声を出そうか。…もっと小さくできるかな？…まだ聞こえるぞ！…もっと小さく…まだ聞こえちゃってるぞ」と、誘いかけてから、「今度は少し大きな声を出してみようか」と、反対を試してみます。（ちょっとでも出たら「すごいすごい！」と声をかけます）。

「かわいい声だね♡」

★平均値で「まだ小さい」と思わないこと

他の子との比較ではなく、その子の中の大きい声、小さい声を評価しましょう。

子どもは自分のできる範囲でがんばっているのですから、その子なりの強弱が出せたら、その都度「すごい！」とほめてあげてください。もしそこで「まだ小さい」と言ってしまったら、子どもは心を閉じてしまいます。

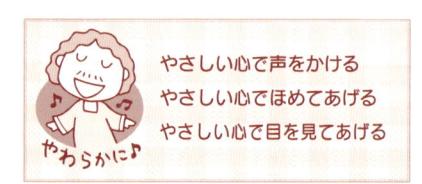

「こーのくらい大きかったかな？」

「〇〇ちゃんの声このくらいだったかな？」
「今のはこのくらい小さかったね！」
「もっと小さいかな？」

やさしい心で声をかける
やさしい心でほめてあげる
やさしい心で目を見てあげる
やわらかに♪

★体で強弱を表現してみせましょう

ことばだけで伝えるよりも、子どもに対しては、体全部を使って表現してあげましょう。そうすると動作に合わせて声を大きくしたり小さくしたりすることもできるようになっていきます。

怒鳴ってうたってしまう子
ことばで注意せず、本人が気づくように投げかけよう

怒鳴っている子の中には、自分では気づいていない子も多いようです。ことばで注意するよりも、その子が自分で気がつくような投げかけをしてみてください。

まず、その子と目を合わせ、一緒にうたいながら口もとを意識させます。それから手振り、身振りで小さくうたうことを表して見せると気づいてくれるはず。すぐ気がつかなくても待っていてあげましょう。

また「大きなお口で、小さな声でうたってみようね」というのもひとつの方法です。すると口の方に神経がいって、うまくいく場合があります。前ページ「小さい声の子」と同じ方法で、声の大小を体で知らせることも大切です。

怒鳴ってしまう原因に、「うたう」ということに対するイメージを持てていない、という場合もあります。次ページのコラムを参考にしてみてください。

元気がない子
自信がつけばエネルギーが生まれる！

僕はいつも「みんなの心の中には元気くんがいるんだよ」「悲しいな、いやだな、という気持ちになりそうな時、自分で『元気！元気！』とつぶやくと元気が出てくるよ」と話します。その子が大きくなって、もしもいじめにあったり、ひきこもりになってしまった時に、ふとそのことを思い出して、乗り越えてくれたらいいな…そんな風に思っています。

元気がない子には特に、日頃から大人がもっと「ほめる」ことに積極的になってください。大人は大人から見て「すごい」ことでないと、ほめない傾向にあると思いませんか？

例えば子どもが「今度、山に登るんだ」と言ったとします。すると多くの大人は実際に山登りをして登れた時にはじめて「すごい」とほめている。そうではなく、最初に「山に登る」と言った時点で、「すごいな、どんな山なの」とほめる。平坦な道でも「がんばってるね、すごいな」とほめる。そんな風に、頂点まで到達しなくても、または到達できなくても、その過程のひとつひとつを認め、子どもの心に自信をつけてあげるようにしてほしいと思います。

> ひとつひとつ、「できた」を体感、体験させてあげましょう。そのことで子どもの心に自信がつきます。小さな自信でも、ひとつずつひとつずつ培っていくことで、大きな夢に向かうエネルギーが心に育っていくのです。

Column
伝えてほしい「音に心をこめる」こと

「音に心をこめる」って、どういうことでしょうか？
子どもたちがよく知っているタンバリンを例にしてみましょう。※実際にはタンバリンでなく、手拍子でもOKです。タンバリンがあるつもりで叩くと、イメージする力も養われます。

心をこめてたたくと、いろんな音がするのよ！

❶ 「熱くなったタンバリンをさわるとどうなる？」「やけどしちゃうー」「パッとはなさないと危ないよね。じゃあアチアチタンバリンのつもりで叩いてみようか。3つね」

❷ 「じゃあ、べたべたタンバリンだったらどうかな？」「くっついちゃう」「ほら、のりでべたべただぞー」

❸ 「タンバリンの音、空のカミナリ様に聞かせてあげよう。どんな風に叩く？」

❹ 「赤ちゃんに大きな音で叩いたらどうなる？」「泣いちゃう」「じゃあ赤ちゃんに3つ聞かせてあげようか」

こんな風に伝えて行くと、歌でも楽器でもリズム遊びでも、心のこもった音、気持ちが伝わる音を楽しむことができるようになります。※音の強弱も体で覚えていくことができます。

うたう時も同じです。音に心をこめてうたうためには、まず子どもたちのイメージの世界を広げてあげることがとっても大切！

例えば「チューリップ」をうたうのならば、その前に、まずは子どもの心にチューリップを咲かせてあげましょう。

「今日はみんなでチューリップの絵を描こうか」
「園庭のどこに咲いているかな？」
「園長先生の窓の下かな？　黄色いチューリップかな？」
「赤いのは何本くらい咲いているかな？」と対話しながら描いていきます。

「みんなの描いたチューリップの花に、歌をプレゼントしてあげようね」と言うと、もう子どもたちの心の中には自分のチューリップが咲いているので、やさしく、楽しく、可愛く…それぞれに心をこめたうたい方ができるはず。怒鳴ってうたう子もきっといなくなるはずです。

part 5 リズム遊び Q&A

♥育みたいもの
創造力
集中力
表現力

夢・希望
やさしさ
♪たのしさ♪

理想の先生

♥伝えたいことは何か、考える。

♥ひとみキラキラ！

♥リズムはいつも心の中に！

あそびごころ

♥あそびごころのポケットはいっぱいに♪

♥いつでも先生がお手本！

大好きな先生の存在は、子どもの心の宝物。いつも目の前の子どもを見つめ、「楽しさ」の中で子どもの能力をのばしてあげられる先生、子どもの心に残る理想の先生を目指しましょう！

※本章のQ&Aは、先生方対象の研修会で実際にいただいた質問をもとに構成しています。

・・・・・・・・理想の先生★5つのキーワード・・・・・・・・

★リズムは心の中にある
喜び、楽しさ、悲しさ、やさしさ…さまざまな心の思いが体内のエネルギーに伝わって、心のこもったリズムが生まれます。音楽は心の中にあることを自ら感じ、子どもに伝えましょう。

★「楽しい」ということの大切さ、すばらしさを伝える
どんな遊びでも、大人が瞳をキラキラさせて、やさしい心で、ステキな笑顔でやってみせれば、それが子どもの心と体に伝わります。子どもの瞳も輝くはず！

★何を伝えたいか、何を感じてほしいのかを考える
遊び、歌を先生がよく理解し、イメージを持って、この活動で子どもに何を伝えたいか、何を育みたいか、何を感じてほしいのかをいつも考えるようにしましょう。

★お手本はとても大事
どの遊びも、まずお手本を見せること。でもだらだらとやって見せれば、子どももまねをしてしまいます。❶やることを整理し、❷遊びに心をこめ、❸体全部を使って伝えましょう。

★遊び心のポケットをいつもいっぱいに
ひとりひとりの子に即した対応ができるように、子どもたちがどんな反応をしてもあわてないように、遊び心の引き出しを日々増やすように努力しましょう。

Q リズム遊びをはじめる時、どんなことばかけをしたらいいですか？

A 空気をやわらげる楽しいことばで呼びかけましょう！

遊びをはじめる前の空気はとっても大事！　ニコニコと笑顔を向けて「これから楽しいことがはじまるよ～」という空気を作ってあげてください。
シンプルで楽しいことば（擬音などでも OK）から入るといいと思います。

Q てれてしまって、みんなと一緒にうたったり踊ったりできない子に、どう対応したらいいでしょうか？

A 結果を急がず、ゆっくりやさしく、やさしくゆっくり！

「てれや君」「てれやちゃん」がうたったり踊ったりしなくても、そんなに心配することはありません！　「てれている」という仕草は、それだけでもう心を開いている証拠です！ただここでとっても大事なことは、不用意な一言をかけてしまうと、反対に心を閉じて「ひっこみじあん君」になる可能性があるということです（「ちゃんとやりなさい」など）。結果を急がないで、その子が自然に参加できるまで待ってあげましょう。そして笑顔で目を見てあげる回数を、他の子より少し多めにしてあげてください。そしてその子のちょっとした仕草に対しても優しく声をかけてあげましょう。たとえば、モゾモゾとでも体を動かしていたらそれを認めて、「お～っ手がモゾモゾしてるぞ～！　モゾモゾリズムだぞ～」というように、小さいことでもその子の表現、行動を見逃さずに、声をかけましょう。先生のやさしい眼差しで、子どもの心が開きます。

Part 5 リズム遊び Q&A

Q ハーモニカを楽しく教えるのが難しく、子どもたちがあきてしまいます。

A 楽しさを「伝える」気持ちに変えてみましょう！

すべてにあてはまりますが、伝えたいこと（教えたいこと）をはじめに頭から頭へ伝えようとしてもうまくいきません。心から心に伝え、心から頭に伝わるようにします。
ここでは、ハーモニカを「教える」という気持ちを、「ハーモニカは楽しいよ、さあ、ハーモニカで楽しく遊びましょう」と、楽しさを「伝える」気持ちに変えてみましょう。
「教える」というと、まず楽器の持ち方、息つぎの仕方になってしまいがちですが、その前に「この楽器は楽しいよ！ いろいろな音がするよ！」と、心にワクワクする気持ちを伝え、先生が楽しそうに演奏してみせることが大切です（ハーモニカに限らず、楽器はみんな一緒！）。
例えば「ハーモニカくん物語」など、楽器を主人公にしたお話を子どもたちと作りながら、先生がハーモニカを鳴らし、演じてみせると、みんな喜びますよ！

①あ！ハーモニカ君が歩いてきたよ！
プップップー

②もうひとり来たよ！お友達かな？
ブブブー
お父さんだ！

③次はだーれ？
プップププップープップー
おしゃべり母さん！

④さて次は？
プー
足の速いお兄さん！

さあ、次はだれかな…？

おもしろーい！！
次はだれっ？！
わくわくっ！

83

Q クラシックの曲など、子どもがあまり知らない曲を演奏する時、その楽しさを伝えるにはどうしたらいいですか？

A この曲で何を伝えたいのか考えましょう！

クラシックに限らず、子どもに指導する前には、先生がまず曲をよく聴きこんでイメージを高めてください。そのイメージをこめて演奏したり、ことばや身振りで伝えれば、曲の楽しさはきっと子どもたちの心に届きます。

Q 合奏での音合わせのコツと、楽器の組み合わせ方のポイントを教えてください。

A 自分のパートをしっかり覚える。組み合わせは楽器の音量で

楽器にふれる前に、ことばや手拍子などで、自分のパートのフレーズをしっかり覚えるようにしましょう。それから行うと自分のパートに集中して演奏できます。

あるいは、各パートごとに先生がつき、それぞれの前で大きな動作で指揮をしてあげましょう。そのためには先生方がお互いのパート（フレーズ）を良く理解しておく必要があります。

時々、メロディーが打楽器の音にうずもれてしまっている合奏を聞きますが、そうならないように、音の大きな楽器を少なくして、小さい音の楽器やメロディーを奏でる楽器が聞こえるように割合を考えます（例えば28名の場合、ピアニカ10名　タンバリン5名　鈴10名　小太鼓2名　大太鼓1名　くらいが目安）。

数を決めたあとでも練習中の演奏を良く聞き（目を閉じて音のバランスをていねいに聞き分けてください）、音量のバランスが悪かったら変更しましょう。子どもはまだ強弱をコントロールするのが難しいので、組み合わせは楽器の音量で考えていくといいでしょう。合奏や鼓隊を行う時は、まず先生方が子どもたちにバランスの良い演奏を聞かせてあげてほしいと思います。

Part **5** リズム遊び Q&A

Q 体を動かすのは好きなのですが、ピアノが苦手です。なので、音楽から逃げ気味です。

A 楽しめればそれでOK！ 自信を持って！

音楽は譜面と楽器があればできますが、譜面と楽器がなくても楽しくできます。
何が苦手なのでしょう？ 指が動かないから？ 譜面が苦手だから？？？
指の動きがぎこちなくても、譜面が苦手でも逃げ気味にならないでください。
僕は音楽の原点は、叫ぶ（歌）、叩く（楽器）、動く（踊り）だと思っています。"体を動かすのは好き" それなら音楽が大好きな証拠です！
楽しい心で奏でれば楽しい音楽が生まれます！
やさしい心で奏でればやさしい音楽が生まれます！
元気な心で奏でれば元気な音楽が生まれます！

心の思いが体の中のエネルギーに伝わって、すぐに音楽が湧き出てきます！

やさしい心で…… やさしい音楽

バンバンバン 元気な心で 元気な音楽！

※例えばストリートミュージシャンの場合 …… 心がこもっていなければ伝わりません！

きょうはどこいく？
コーヒーでものもうか…

あっ！なんかたのしそう！
ちょっときいていこうか！！

Q 子どもが歌詞をなかなか覚えられない時、どうしたらいいですか？

A 心で覚えれば、心に残ります！

「うたうこと」に急がずに、例えばその歌詞を絵本を読むように読んで聞かせたり、歌詞の情景を絵に描いたりするなど、楽しく、ゆっくり歌にこめられたストーリーを伝えましょう。子どもは覚えが早いものですが、早く覚えたものはすぐ忘れてしまうことも多いもの。子どもがじっくり頭で理解できるような伝え方をしてください。

Q 新しい曲をおろす時、どう指導したらいいかいつも迷います。
説明も長くなりがちなので、端的に話したいのですが。

A 事前の準備を綿密にしましょう！

新しい曲は先生自身がまずよく消化して、イメージを持つことが大切です。この曲を通して子どもに何を伝えたいのか、何を感じてほしいのかをしっかり考えると指導の方法も見えてきます（例えば、やさしい気持ちを育てたい…力強い躍動感を感じさせたい…など）。子どもは思いがけない反応を見せるものですから、どう展開した時でも応用がきくように、事前の準備をしっかり行いましょう。

端的に説明するためには、子どもがいることを想定して前もってリハーサルをし、時間をはかるなどしてみましょう。話すことを文章にまとめておくのもいいですね。

1曲に時間をかけてきちっと深く取り組むと、次からの新しい曲や遊びがもっと楽しくなるはずです。

Part 5 リズム遊び Q&A

Q 楽しく遊んだあと、テンションが上がりすぎて大騒ぎしてしまう子がいます。クールダウンさせる方法があれば教えてください。

A 遊びの余韻まで楽しむ余裕を持ちましょう！

遊びの間に完全に発散できていれば、大体最後は落ち着いていくものですが、騒いでしまうというのは、遊び足りないせいかもしれませんね。

子どもたちのテンションの上がり具合（もうちょっと発散させよう…とか、そろそろ疲れてきたかな…）など、様子を見ながら遊びをリードするようにしましょう。

また、すぐに次の活動に切り替えようと思わずに、まだみんなが落ち着かない様子だったら、「おもしろかったね」「どのくらいおもしろかった？」などとおしゃべりをして、その遊びの余韻まで楽しみ、上がったテンションをさますところまでもっていくようにするといいでしょう。

クールダウンの方法

終わりの方になったら…

① 拍手をする

「みんなすごかったね！じゃあ拍手しちゃおう！」パチパチ…

「次は顔！」パチパチ…
「おでこ！」パチパチ…
「おしり！」
「おなか！」パチパチ…
いろいろたたいてクールダウン！

② 深呼吸する

おもしろく言ってみよう！

「はい～、目から息すって～」
「次は耳から息すって～」

すーっ
ええぇ～っ？！
きゃはは！

子どもへの想い

　今を生きることを楽しむ力、僕はそれを「楽力」と名づけていますが、最近の子どもたちはこの「楽力」が乏しくなっているんじゃないかな？

　いや、これは大人の責任ですね。
　僕が心のこもったリズム音楽を通して子どもたちに伝えたいのは、<u>人間に本来そなわっている体の奥底にあるエネルギーを呼び起こすこと</u>です。そのことによってその子が秘めているさまざまな能力が引き出されると思います。
　音楽だけでなく、スポーツでもなんでもそうかもしれませんが、指導者には知識、技術の伝達だけではなく、生き方（心の立ち位置、自身の価値観）を通し「楽力」を育む力があることが大切です。

　音楽を教えるだけでなく、音楽の楽しさを教えることができる
　算数を教えるだけでなく、算数の楽しさを教えることができる

　<u>知識、技術だけを教えるのではなくて、"楽しい" ということの大切さ、すばらしさを全身に体感、体験させてあげることが大事</u>だと思います。

　ひとりひとり、性格、個性があります。それぞれ得意、不得意があります。みんながでぎていて、たまたまできなかったとしても、それは脱落ではありません。遅れでもありません。全員同じでないからこそ「やさしい心」「うやまう心」…「心を育む」教育が大切なのです。

カムジー先生 語録

リズム遊びは心をオープンにして、
遊び心でウキウキ行うこと！
今の時代ほど元気な心が重要なことは
ありません。

心のこもったリズムは、
幼児期の子どもの心と脳の成長、発育に
とても効果があります。
世の中が進歩すればするほど、
心は傷つけられ、窮屈になっていきます。
子どもの教育に心のこもったリズムを
取り入れてください。
心のこもったリズムは心を開放する力、
たくましくする力、
また心の病の予防にもなります。

子どもとたくさんふれ合い、
子どもの目を見つめ、
子どもに笑顔をいっぱいプレゼント
してあげてください！
心に響いたこと、心で感じたことは、
大人になっても覚えています。
大きくなった時、ママ、パパ、先生に、
ステキな笑顔をいっぱいかえしてくれますよ！

答えを出すのも大事なことですが、
答えを出す過程もとても大事だと思います。
子どもは一生懸命考えます。
少し時間がかかっても待ってあげてください。
自分なりに一生懸命考えることで、
子どものさまざまな力と自信が育つと思います。

リズムは心を躍らせる！
踊れば心がうたいだす！

苦手と嫌いは違います！
走ったり、水遊びをしたり、絵を描いたり、
太鼓を叩いたりすることを
はじめから嫌いな子は
ほとんどいないと思います。
苦手でも大好きなことがたくさんある
ということを、大人はみんな温かい心で
理解してあげてほしいと思います。

リズムは表現力、創造力、集中力、
コミュニケーション力の宝庫。
子どもの心とコミュニケーションするのに
とても効果があるのです。

「遊び心」とは、子どもの能力を
楽しさの中でのばしてあげる
大人のやさしい心の持ち方だと思います。
子どもの心に自分の意思が伝わらない時、
伝わりづらい時などは、
自分の遊び心の引き出しの少なさを
謙虚に受け止め、
常に遊び心の引き出しを
増やす努力をしましょう。

否定語は子どもの心を悲しませるだけでなく、
言っている方の心までも寂しくさせます。

集中する楽しさ、創造する楽しさ、
体を動かす楽しさ、
コミュニケーションする楽しさ…
その中で自信をつけてあげたい。
自信は心のエネルギーです。

英会話は、今日、明日で、
流暢に話せるようにはなりません。
リズムトレーニングも少し似ているところが
ありますが、大きく違うところは、
リズムは誰もが体の中に持っているということ。
だからほんの少し練習するだけで、
体の中のリズムを引き出すことができるのです。

笑顔で目を見て
笑顔で声をかけて
笑顔でふれて
笑顔で少し待ってあげる。

上下のコミュニケーションの意識を外し、
横から横に伝えるようにするだけで、
相手への伝え方がやさしくなると思います。
正しいことを伝えるのだから、という気持ちから、
ついつい子どもに命令調で伝えていないか
気をつけたいと思います。
正しいことほどやさしく、やさしく！

何を教えたいのか、何を育てたいのか、
何を伝えたいのか、何を感じてほしいのか、
しっかりした目標を持つこと。
ただ山に登りたいというのではなく、
どんな山に、いつの季節に登りたいのか、
それと同じ。
目標があやふやだと心はこもりません。
心がこもらなければ子どもの心に届きません。

「楽しい」って大事だよ！
「楽しい」ってすばらしいよ！
「楽しまなくちゃ」もったいないよ！

やさしい"遊び心"は、
子どもを明るく・楽しく・元気にさせます！
そして自分も明るく・楽しく・元気になります！

心をこめた音は、子どもの心に届きます。
心のこもらない音は
子どもの耳までしか届きません。

子どもの心と向き合う時は、
自分の心の価値観を大切にするように、
子どもの心の価値観も大切にしましょう。

どんなに一生懸命でも、
子どもたちに背中を向けながら
ピアノを弾いているのでは、せっかくの音楽が
心に伝わりにくいと思います。大事なのは、
うたっている子どもの目を見てあげること。
先生の表情を子どもに見せることで、
曲のイメージが子どもの心に
伝わりやすくなりますよ。

やっているか、やらされているかを
見分けるのはかんたんです。
子どもの瞳を見ればすぐにわかります。
キラキラ瞳は心の輝きです。

心を引き出してあげて、
心が軽くなったら、
心が躍り出すよ！
心が躍り出したら
向かっていく自信が生まれるよ！
明るい心、やさしい心、元気な心、
たくましい心を育もう！

子どもは個性や能力の宝庫。
この子どもたちの豊かで素直な心と、
大人は謙虚に向き合って、
子どもの心と会話する必要があります。

楽器など何もなくてもよいのです！
体の中のエネルギーに心をこめてください。
楽しいリズムが次から次にわいてきますよ！
心のこもった音が
子どもの心に伝わってはじめて、
情操教育になると思います。

笑顔で大きな声を出し、
体を動かすと、
その日一日、きっと楽しくなりますよ。

特別ふろく

生活リズム改善ガイド

Dr.Nakura　Dr.Hoshino

「早寝早起き朝ごはん」の大切さを保護者に伝えましょう

●夜更かしは時代の流れが原因

早寝、早起きは辛いですね。朝は眠いし、夜は仕事や雑用がなかなか片付きませんね。誰でもそうです。でも、だからといって、子どもたちを親の都合で振り回してよいということにはなりません。

皆様が子どもの時のことを思い出してみてください。あるいは皆様のご両親が子どもの頃のことを聞いてみてください。昔は、夜は明かりが少なくて、お店も閉まって、外が真っ暗でした。深夜にテレビはやっていませんでしたし、ゲームもありませんでした。昔は夜9時や10時になると、子どもも大人も皆、寝ていたんです。それが当たり前だったので、早寝を嫌がる人はほとんどいませんでした。1980年代からコンビニが急増し、ファミコンが発売され、深夜番組がたくさん放映されるようになり、普通のお店が深夜まで、あるいは24時間営業するようになりました。ここ2～30年の間に、このように社会が目まぐるしく変化し、夜遅くまで起きることが当たり前になってしまったのです。

●数百万年前から「早寝早起き」は最も自然な形だった

しかし考えてみてください。エジソンが電球を改良して普及し始めたのが1910年台。それ以来、人類史上はじめて世界中で夜が明るく照らされるようになりました。そもそも、ほ乳類から霊長類が進化した時点では、実は霊長類は夜行性でした。しかし、6000万年前に恐竜が絶滅してからは昼間に安全に活動できるようになったため霊長類は樹上で生活するようになり、4000万年前から昼行性に逆転し、視覚機能がよく発達するようになりました。180万年前にホモ・エレクトゥス（原人）が、14万年前にホモ・サピエンス（新人）が出現し、現在の私たちと同じ体格、知能、心を持つようになりました。私たちの体は数百万年前から早寝早起きする生活が、最も自然だったのです。ほ乳類の脳の視床下部には、視交叉上核という体内時計の中枢があります。2万個の特殊な神経細胞群が約24時間周期で活動しており、体のいろいろな組織の日内リズムを統制しています。朝の日の光を浴びると、体内時計がリセットされ、夜に光を浴びると体内時計が遅く進むことが科学的に証明されています。

●体内時計がずれはじめている現代の子どもたち

生活リズムが夜型だったり、不規則だったりすると視交叉上核の統制力が弱くなり、体温やホルモンの日内リズムが体内時計とずれるようになります。そうすると、体がだるい、体調が悪い、眠い、やる気が出ない、といった不特定な症状が出るようになります。そういった状態を内的脱同調と言い、いわゆる時差ボケ状態になります。

保育園、幼稚園のお子様たちは、大部分は元気はつらつとして活発です。しかし中には、朝からあくびをして眠そうな子、すぐ疲れてしまう子、ちょっと嫌なことがあると我慢ができなくてすぐにキレてしまう子、何事にもやる気のなさそうな子を時々見かけます。そういった「気になる子」の生活リズムを調べてみると、遅寝だったり、睡眠が不規則だったり、朝ごはんを食べていなかったりしている子が非常に多いのです。また、5歳の時点で三角形を描けない子の中では、睡眠が不規則な子が有意に多かったという報告もあります（和洋女子大学教授・鈴木みゆき 2002）。そういうお子様にがんばって早寝早起きさせることは、正直いってとても大変かもしれません。ご両親が共働きだったり、お父様の帰りが遅かったり、お母様の体調が悪かったりすると、なおのこと、なかなか思うようにいきませんね。でも、お子様が元気がなかったり、情緒が不安定だったりすることが、何よりご家庭の雰囲気に暗い陰を落とすことになりかねません。そういう場合は、ご家族全体の生活リズムを見直してみることをおすすめします。

●家族みんなで生活を見直しましょう

生活リズムが大切なのは、子どもだけではありません。大人にとっても睡眠不足が原因となって仕事や家事のミスが増え、深刻な問題になってきています。アメリカでは1990年から、睡眠不足による交通事故やさまざまなミスによる損害が重要視されるようになり、年間560億ドルの経済的損失と2万5000人の人命が奪われていると報告されています。

このように考えると、良い生活リズムを保つことは、明るい家庭生活の運営、充実した仕事、お子様を元気にさせること、いずれに対しても非常に効果があります。がむしゃらに遅くまで仕事するという価値観から一歩離れて、これを機会にもう一度、自分たちの生活を見直す勇気を持ってみてください。きっと、いろいろなことが好転しますよ。

●お家の方に、次ページの「睡眠表」をつけてもらいましょう

お子様の寝ている時間帯をマーカー等で塗ります。早寝早起きがきちんとできているか、朝食をとっているか、昼寝は不規則になっていないか…一目瞭然！ 生活を見直すことができます。また「食事」「散歩」「テレビ」の時間を書き込むと、さらに生活リズムが見直せます。表をつけるだけで、「お散歩少ないな」「テレビが多いな」なども見えてきて、子どもの睡眠や体調が良くなることが少なくありません。

2週間の睡眠表

記入例　寝ている時間帯をマーカーなどで塗り、その他、生活の様子などを書き込んでください。

5月10日(木)　| 0 1 2 3 4 5 6 7 8 9 10 11 12 13 14 15 16 17 18 19 20 21 22 23 24 |
夜泣き　朝食　保育園　お昼寝　テレビ　夕食　おフロ

| おなまえ | 男・女 | 年　月生　満　才　か月 |

（時/午前）　　　　　　　　　　　　　　（午後）

月　日（　）　0 1 2 3 4 5 6 7 8 9 10 11 12 13 14 15 16 17 18 19 20 21 22 23 24

月　日（　）　0 1 2 3 4 5 6 7 8 9 10 11 12 13 14 15 16 17 18 19 20 21 22 23 24

月　日（　）　0 1 2 3 4 5 6 7 8 9 10 11 12 13 14 15 16 17 18 19 20 21 22 23 24

月　日（　）　0 1 2 3 4 5 6 7 8 9 10 11 12 13 14 15 16 17 18 19 20 21 22 23 24

月　日（　）　0 1 2 3 4 5 6 7 8 9 10 11 12 13 14 15 16 17 18 19 20 21 22 23 24

月　日（　）　0 1 2 3 4 5 6 7 8 9 10 11 12 13 14 15 16 17 18 19 20 21 22 23 24

月　日（　）　0 1 2 3 4 5 6 7 8 9 10 11 12 13 14 15 16 17 18 19 20 21 22 23 24

月　日（　）　0 1 2 3 4 5 6 7 8 9 10 11 12 13 14 15 16 17 18 19 20 21 22 23 24

月　日（　）　0 1 2 3 4 5 6 7 8 9 10 11 12 13 14 15 16 17 18 19 20 21 22 23 24

月　日（　）　0 1 2 3 4 5 6 7 8 9 10 11 12 13 14 15 16 17 18 19 20 21 22 23 24

月　日（　）　0 1 2 3 4 5 6 7 8 9 10 11 12 13 14 15 16 17 18 19 20 21 22 23 24

月　日（　）　0 1 2 3 4 5 6 7 8 9 10 11 12 13 14 15 16 17 18 19 20 21 22 23 24

月　日（　）　0 1 2 3 4 5 6 7 8 9 10 11 12 13 14 15 16 17 18 19 20 21 22 23 24

月　日（　）　0 1 2 3 4 5 6 7 8 9 10 11 12 13 14 15 16 17 18 19 20 21 22 23 24

生活リズム改善ガイド

右側の表は◎○△×で評価をつけてください。

あさのねおき	よるのねつき	ねむりのふかさ	ごはん				昼間、イライラしたり、不機嫌だったりしていましたか？それとも、元気でしたか？	睡眠中の状態で特に気づいたこと（夜泣き、夜尿、ねぼけ、いびき、はぎしりなど）がありましたか？
			あさ	ひる	おやつ	よる		
△	○	◎	○	○	◎	×	落ち着きのない様子でしたが元気でした。	夜泣きが1時間ほど続きました。

あさのねおき	よるのねつき	ねむりのふかさ	ごはん				昼間、イライラしたり、不機嫌だったりしていましたか？それとも、元気でしたか？	睡眠中の状態で特に気づいたこと（夜泣き、夜尿、ねぼけ、いびき、はぎしりなど）がありましたか？
			あさ	ひる	おやつ	よる		

※この表はコピーして配布していただいてかまいません。

Profile

かむらまさはる

東京都出身。作詞・作曲家、ベーシスト歴45年。リズム・音楽研究所主宰。モットーは「明るく、楽しく、元気よく！」リズム遊びの名人 "カムジー先生" として子どもたちに大人気。幼稚園、保育園、小学校を対象に、音楽のすばらしさを体感してもらう参加型コンサートを展開。子育て講座、保育士講座、執筆活動の他、TV、ラジオでも活躍。医師、教育者主催の「子どもの早起きをすすめる会」に参加し、"早起きはとっても大事コンサート" の活動を開始。小児科医師とともにリズムセラピーにも取り組んでいる。

◆ http://kamug.com/
（講演・コンサート等のご依頼はこちらへ）

初出
● 月刊「あんふぁん」サンケイリビング新聞社
「おはようございます」「ハハハハ はをみがこう」「げんきっこ！」
「おうだんほどうをわたるとき」「おふろでじゃぶじゃぶ」
● 季刊「いただきます ごちそうさま」NPO法人キッズエクスプレス21
「あさごはんたべたくなってきた」「ニコニコみんなであさごはん」

※掲載曲中「波とダンス」のみ作詞・作曲／ピアリン
　それ以外の楽曲は全て作詞・作曲／カムジー先生

※掲載曲中「トマトのとまこの冒険旅行」のみ振り付け／歌子さん
　それ以外の振り付けは／カムジー先生＆ピアリン

協力　ピアリン、フナサン

協力

奈倉道明　Dr.Nakura

「子どもの早起きをすすめる会」のメンバー。京都市出身。東京大学医学部卒業。小児神経学を専攻。瀬川小児神経学クリニックにて子どもの早起きの重要性を教えられた。バイオリン、ビオラ、チェロに堪能で、たまに演奏活動を行う。東洋医学、音楽療法、スピリチュアルヒーリングなど子どもの心身の健康のための秘策を、幅広く探求している。現・埼玉医科大学総合医療センター小児科医。

星野恭子　Dr.Hoshino

「子どもの早起きをすすめる会」発起人。東京都出身。東邦大学医学部卒業。東邦大学第一小児科学教室にて研修。瀬川小児神経学クリニック研修時代に、「子どもの早起きをすすめる会」を結成。カムジー先生とのジョイントでは、歌や紙芝居で美声を披露。いつも笑顔で優しい、子どもたちにモテモテのお医者さま。現・南和歌山医療センター小児科医。

子どもの早起きをすすめる会◆ http://www.hayaoki.jp/

イラストレーター　吉田朋子

名古屋出身。東京都在住。子ども向けのあたたかなイラストの他、見た目にも楽しいお菓子の造形や、それらを使ったカレンダー、絵本等を製作。オリジナルコミックや絵描き歌、CDジャケット、webデザインも手がける多彩なイラストレーター。

◆ http://www.tomokobo.jp/

カバー・表紙デザイン　森近恵子
　　　　　　　　　　　（アルファ・デザイン）
カバー・本文イラスト　吉田朋子
編集・デザイン・楽譜浄書　山縣敦子

カムジー先生の 毎日が楽しい！ 1分間リズム遊び

2008年 1月25日　初版第 1 刷発行
2018年 1月12日　初版第12刷発行

著　者　かむらまさはる
発行人　鈴木雄善
発行所　鈴木出版株式会社
　　　　東京都文京区本駒込 6-4-21　〒113-0021
　　　　TEL.03-3945-6611　FAX.03-3945-6616
　　　　◆ http://www.suzuki-syuppan.co.jp/
　　　　振替　00110-0-34090
印刷所　図書印刷株式会社

Ⓒ M.Kamura, Printed in Japan 2008　ISBN978-4-7902-7209-0　C2037

乱丁、落丁本は送料小社負担でお取り替え致します（定価はカバーに表示してあります）。
本文およびCD音源を無断で複写（コピー）、転載することは、著作権法上認められている場合を除き、禁じられています。　日本音楽著作権協会（出）許諾第 0716385-712 号